명문법

"명언으로 배우는 영문법"

김형규 차인효 지음

 (주)입시진로연구소

명문법 – 명언으로 배우는 영문법

펴 낸 날	2024년 12월 24일
지 은 이	김형규, 차인효
디 자 인	김내영, 전제현
펴 낸 이	김형규
펴 낸 곳	㈜입시진로연구소
등록번호	제2017-000027호
대표전화	02-6081-8908　　　　**홈페이지** www.ipsijinro.com
주　　소	서울특별시 강서구 방화대로47가길 41, 1013호

이 책에 실린 모든 글과 사진, 일러스트를 포함한 디자인 및 편집 형태, 배포에 대한 권리는 ㈜입시진로연구소에 있으므로 무단으로 전재하거나 복제, 배포할 수 없습니다.

머릿말 Preface

≪명문법 - 명언으로 배우는 영문법≫
 - 지혜를 담은 문장에서 문법의 원리를 발견하다.

영어 공부가 지루하게 느껴질 때, 한 줄의 명언이 당신의 공부법을 바꿀 수 있습니다. ≪명문법 - 명언으로 배우는 영문법≫은 세계적인 영어 명언을 통해 영문법의 핵심 개념을 배우는 독특한 학습서입니다. 짧지만 깊이 있는 명언 속에서 문법을 자연스럽게 익히며, 영어에 대한 흥미와 실력을 동시에 키울 수 있도록 돕습니다.

이 책만의 매력

☑ **영문법, 명언으로 쉽게 접근하다**
   셰익스피어, 오프라 윈프리, 마하트마 간디 등 세계적인 인물들의 명언을 바탕으로 영문법의 원리를 설명합니다. 명언 속에 숨어 있는 문법 포인트를 이해하면서 학습의 재미를 느낄 수 있습니다.

☑ **기억에 오래 남는 학습 효과**
   감동을 주는 문장은 기억 속에 오래 남기 마련입니다. 명언과 함께 문법을 배우면 더 오래 기억할 수 있어 실생활에서 자연스럽게 활용할 수 있습니다.

☑ **문법 공부와 자기계발을 동시에!**
   문법을 배우는 동시에 인생의 지혜와 통찰을 얻을 수 있습니다. 영어 공부가 더 이상 지루한 과제가 아니라, 삶을 풍요롭게 만드는 시간이 될 것입니다.

☑ **자연스러운 문장 감각 향상**
   명언 속에 담긴 문법을 익히다 보면, 문법 규칙뿐 아니라 영어 문장의 흐름과 리듬을 이해하게 됩니다. 이는 독해와 작문 실력 향상으로 이어질 것입니다.

≪명문법 - 명언으로 배우는 영문법≫과 함께라면 영문법도, 삶의 지혜도 한층 더 깊어질 것입니다. 영어 명언의 힘을 빌려 여러분의 영어 실력을 한 단계 업그레이드해 보시길 바랍니다.

2024년 12월 저자일동

목차 Contents

CHAPTER 01 be 동사 ········ 1
1. be 동사 ▶ 2 | 2. be 동사의 축약형 ▶ 4 | 3. be 동사의 의문문 ▶ 6 | 4. be 동사의 부정문 ▶ 8

CHAPTER 02 일반 동사 ········ 13
1. 일반 동사와 일반 동사의 현재시제 ▶ 14 | 2. 3인칭 단수형 ▶ 16 | 3. 의문문 ▶ 18 | 4. 부정문 ▶ 20

CHAPTER 03 명사와 관사 ········ 25
1. 명사의 종류 ▶ 26 | 2. 명사의 단수와 복수 ▶ 28 | 3. 부정관사 ▶ 30 | 4. 정관사 ▶ 32

CHAPTER 04 대명사 ········ 37
1. 인칭대명사 ▶ 38 | 2. 지시대명사 ▶ 40 | 3. it의 용법 ▶ 42 | 4. 재귀대명사 ▶ 44

CHAPTER 05 형용사, 부사 ········ 49
1. 형용사 ▶ 50 | 2. 수량 형용사 ▶ 52 | 3. 부사 ▶ 54 | 4. 혼동하기 쉬운 형용사와 부사 ▶ 56

CHAPTER 06 시제 ········ 61
1. 현재시제 ▶ 62 | 2. 과거시제 ▶ 65 | 3. 미래시제 ▶ 66 | 4. 진행시제 ▶ 68

CHAPTER 07 의문사 ········ 73
1. 의문대명사 ▶ 74 | 2. 의문형용사 ▶ 76 | 3. 의문부사 ▶ 78 | 4. 간접의문문 ▶ 80

CHAPTER 08 조동사 ········ 85
1. will, Would ▶ 86 | 2. can, could ▶ 88 | 3. may, might ▶ 90 | 4. must, should, ought to, had better ▶ 92

CHAPTER 09 수동태 · 97

1. 수동태란 ▶ 98 | 2. 수동태만들기 : 현재, 과거, 미래 ▶ 100 | 3. 4형식과 5형식의 수동태 ▶ 102 | 4. 수동태의 관용표현 ▶ 104

CHAPTER 10 to부정사 · 109

1. to부정사의 의미 ▶ 110 | 2. 명사적 용법[주어, 목적어, 보어] ▶ 112 | 3. 형용사적 용법[명사를 수식] ▶ 114 | 4. 부정사의 부사적 용법 ▶ 116

CHAPTER 11 동명사 · 121

1. 동명사의 의미 ▶ 122 | 2. 주어와 보어로 쓰이는 동명사 ▶ 124 | 3. 목적어로 쓰이는 동명사 ▶ 126 | 4. 동명사의 관용표현 ▶ 128

CHAPTER 12 분사 · 133

1. 분사의 형태와 의미 ▶ 134 | 2. 분사의 동사적 용법 ▶ 136 | 3. 분사의 형용사적 용법 ▶ 138 | 4. 분사구문 ▶ 140

CHAPTER 13 문장의 종류 · 145

1. 평서문 ▶ 146 | 2. 명령문 ▶ 148 | 3. 부가 의문문 ▶ 150 | 4. 감탄문 ▶ 152

CHAPTER 14 문장의 형식 · 157

1. 1형식 ▶ 158 | 2. 2형식 ▶ 160 | 3. 3형식, 4형식 ▶ 162 | 4. 5형식 ▶ 164

CHAPTER 15 비교급 · 169

1. as + 원급 + as ▶ 170 | 2. 비교급 ▶ 172 | 3. 최상급 ▶ 174 | 4. 비교의 관용표현 ▶ 176

CHAPTER 16 접속사 · 181

1. 등위접속사 ▶ 182 | 2. 명사절 종속접속사 ▶ 184 | 3. 시간의 부사절 접속사 ▶ 186 | 4. 이유의 부사절 접속사 ▶ 188

CHAPTER 17 관계사 · 193

1. 관계대명사의 의미 ▶ 194 | 2. 관계대명사의 생략 ▶ 196 | 3. 관계대명사 that과 what ▶ 198 | 4. 관계부사 ▶ 200

CHAPTER 18 전치사 ·· **205**

    1. 시간 전치사 ▶ 206 | 2. 장소 전치사 ▶ 208 | 3. 구 전치사 ▶ 210 | 4. 기타 전치사 ▶ 212

CHAPTER 19 가정법 ·· **217**

    1. 가정법 과거와 과거완료 ▶ 218 | 2. I wish, as if ▶ 220 | 3. 혼합 가정법 ▶ 222 |
    4. 가정법 관용어구 ▶ 224

CHAPTER 20 특수구문 ··· **229**

    1. 강조 ▶ 230 | 2. 도치 ▶ 232 | 3. 생략과 삽입 ▶ 234 | 4. 병렬과 무생물 주어 ▶ 236

명문법 - 명언으로 배우는 영문법

CHAPTER
01

be 동사

직접 동작을 하지는 않지만
주어의 상태와 존재를 나타내는 동사이다.
즉, 주어가 '어떤 상태인지' 또는 '어디에 있는지'를 설명하는 동사이다.
be동사는 am, are, is가 있고, 주어에 따라 다르게 쓰인다.

UNIT 01 be 동사

be 동사는 영어에서 존재, 상태, 성질 등을 나타내는 기본 동사로, am, is, are, was, were 등의 형태로 사용됩니다. 주어의 인칭, 수, 시제에 따라 형태가 변하며, 주어와 보어를 연결하거나 진행형, 수동태 등의 문장을 만드는 데 중요한 역할을 합니다.

The only way to do great work is to love what you do.
- Steve Jobs

훌륭한 일을 하는 유일한 방법은 당신이 하는 일을 사랑하는 것이다.

1. Happiness is not something ready-made. It comes from your own actions.   - Dalai Lama

   행복은 미리 만들어진 것이 아니다. 그것은 당신의 행동에서 비롯된다.

2. To be or not to be, that is the question.   - William Shakespeare

   존재하느냐, 존재하지 않느냐, 그것이 문제로다.

3. Be the change that you wish to see in the world.
   - Mahatma Gandhi

   세상에서 보고 싶은 변화가 되어라.

4. Success is not the key to happiness. Happiness is the key to success.   - Albert Schweitzer

   성공이 행복의 열쇠는 아니다. 행복이 성공의 열쇠다.

5. The best way to predict the future is to create it.
   - Peter Drucker

   미래를 예측하는 가장 좋은 방법은 그것을 창조하는 것이다.

6 Life **is** what happens when you're busy making other plans.
- *John Lennon*

삶은 당신이 다른 계획을 세우느라 바쁠 때 일어나는 일이다.

[에피소드]

이 명언은 '존 레논'의 곡 "Beautiful Boy (Darling Boy)"에 나오는 가사의 일부입니다. 이 노래는 그의 아들 션 레논을 위해 쓴 곡으로, 레논이 션과의 관계를 통해 삶의 소중함과 불확실성을 깨닫게 된 경험에서 쓰여진 곡입니다.
레논은 비틀즈 활동 이후 한동안 음악 활동을 중단하고 가족과 시간을 보내며 션을 키우는 데 집중했습니다. 그 과정에서 그는 인생에서 계획대로 되지 않는 일이 많다는 것을 깊이 느끼게 되었고, 그런 상황에서조차 삶의 가치와 의미를 발견할 수 있다는 통찰에서 나온 것입니다. 이 가사는 그의 인생철학을 담고 있으며, 많은 사람들에게 인생에서 중요한 것은 우리가 미리 계획한 것보다, 지금 이 순간에 벌어지는 일들을 어떻게 받아들이고 살아가는지에 달려 있다는 메시지를 전달합니다.

---

love: 사랑하다 great: 훌륭한 ready-made: 미리 만들어진 come: 오다 action: 행동 be: ~이다 question: 질문 change: 변화 wish: 바라다 success: 성공 key: 열쇠 happiness: 행복 predict: 예측하다 future: 미래 create: 창조하다 happen: 일어나다 busy: 바쁜 plan: 계획

UNIT 02 ▶ be 동사의 축약형

be 동사의 축약형은 am, is, are 같은 be 동사를 줄여 쓰는 형태로, 주어와 동사를 붙여서 'm, 's, 're로 표기합니다. 예를 들어, "I am"은 "I'm", "he is"는 "he's", "they are"는 "they're"로 축약합니다. 이러한 축약형은 주로 일상적인 대화나 글에서 사용되어 표현을 더 간결하게 만들 수 있습니다.

What you're thinking is what you're becoming.
- *Muhammad Ali*

당신이 생각하는 것이 곧 당신이 되는 것이다.

1. I'm not afraid of storms, for I'm learning to sail my ship.
- *Louisa May Alcott*

나는 폭풍을 두려워하지 않는다, 나는 내 배를 운전하는 법을 배우고 있기 때문이다.

2. Don't cry because it's over, smile because it happened.
- *Dr. Seuss*

끝났다고 울지 말고, 일어났던 일에 미소를 지어라.

3. You're never too old to set another goal or to dream a new dream.
- *C.S. Lewis*

새로운 목표를 설정하거나 새로운 꿈을 꾸기에 나이가 너무 많다고 생각하지 마라.

4. It's not whether you get knocked down, it's whether you get up.
- *Vince Lombardi*

쓰러지는 것이 중요한 것이 아니라, 다시 일어나는 것이 중요하다.

5 Success isn't about how much money you make; it's about the difference you make in people's lives.   - *Michelle Obama*

성공은 당신이 얼마나 많은 돈을 벌었느냐가 아니라, 당신이 사람들의 삶에 얼마나 큰 변화를 만들었느냐에 달려 있다.

6 If you're going through hell, keep going.

- *Winston Churchill*

만약 당신이 지옥을 통과하고 있다면, 계속 가라.

[에피소드]

이 명언은 '윈스턴 처칠'이 제2차 세계 대전 중 영국 총리로서 극심한 압박과 위기 속에서 나라를 이끌며 남긴 말입니다. 당시 나치 독일은 유럽 대부분을 점령하고 있었고, 영국은 혼자서 강력한 적을 상대해야 했습니다. 처칠은 이런 상황에서 국민들에게 절망하지 말고 끝까지 싸우라고 독려하면서, "If you're going through hell, keep going."이라는 말을 남겼습니다. 이 말은 극한의 어려움을 겪고 있는 상황에서도 포기하지 말고 끝까지 나아가야 한다는 그의 강한 의지와 용기를 보여줍니다. 처칠의 이 지도력 덕분에 영국은 어려운 시기를 견뎌내었고, 결국 연합군이 승리할 수 있었습니다.

이 명언은 오늘날에도 많은 사람들에게 용기와 희망을 주는 말로 회자되고 있습니다. 어려운 상황에서도 포기하지 않고 계속 나아가면 결국엔 길이 열린다는 메시지를 전달합니다.

---

think: 생각하다 become: 되다 afraid of: ~을 두려워하다 storm: 폭풍 for: ~때문에 sail: 항해하다 ship: 배 cry: 울다 smile: 미소짓다 old: 나이든 set: 설정하다 goal: 목표 dream: 꿈꾸다 knock down: 쓰러뜨리다 get up: 일어나다 success: 성공 money: 돈 difference: 차이/변화 life: 삶 hell: 지옥 keep ~ing: 계속하다

UNIT 03 be 동사의 의문문

be 동사의 의문문은 be 동사(am, is, are)를 문장의 주어 앞에 위치시켜 만들 수 있습니다. 예를 들어, 평서문 "She is a teacher."는 의문문으로 바꾸면 "Is she a teacher?"가 됩니다. 이때, be 동사가 문장의 처음에 오고 주어가 그 뒤에 위치해야 합니다.

Is life not a hundred times too short for us to bore ourselves?
- Friedrich Nietzsche

삶은 우리 자신을 지루하게 만들기에는 백 배는 짧지 않습니까?

1   **Is** there a limit to how much you can love someone?
- Jodi Picoult

누군가를 얼마나 사랑할 수 있는지 한계가 있을까요?

2   **Are** we not like two volumes of one book?
- Marceline Desbordes-Valmore

우리는 한 권의 책 속 두 권의 이야기와 같지 않습니까?

3   **Is** it not strange that desire should so many years outlive performance?
- William Shakespeare

욕망이 실제 행동보다 오랫동안 지속되는 것이 이상하지 않습니까?

4   **Is** not life a hundred times too short for us to bore ourselves?
- Friedrich Nietzsche

인생이 우리가 지루해 할만큼 백 배나 짧지 않은가?

5   **Are** you afraid to be yourself?
- Jiddu Krishnamurti

당신은 자신이 되는 것이 두렵습니까?

6 **Is** this the real life? **Is** this just fantasy?   *- Freddie Mercury*

이것이 진짜 삶인가요? 아니면 그냥 환상인가요?

[에피소드]

이 명언은 '퀸(Queen)'의 전설적인 노래 "Bohemian Rhapsody"의 가사의 일부입니다. '프레디 머큐리(Freddie Mercury)'는 이 노래를 1975년에 발표했으며, 이 곡은 음악 역사상 가장 혁신적이고 대담한 곡 중 하나로 평가받고 있습니다.

"Bohemian Rhapsody"의 가사는 여러 해석을 불러일으켰으며, 그 중에서도 "Is this the real life? Is this just fantasy?"라는 가사는 현실과 환상 사이의 혼란을 표현하는 것으로 여겨집니다.

프레디 머큐리는 이 곡의 의미에 대해 명확한 해석을 제공하지 않았고, 이는 노래가 더욱 신비롭고 매력적인 이유 중 하나가 되었습니다. 이 노래는 전 세계적으로 큰 성공을 거두었으며, 오늘날에도 여전히 많은 사람들에게 사랑받고 있습니다.

---

life: 삶 short: 짧은 bore: 지루하게 하다 limit: 한계 love: 사랑하다 volume: 권(책의) book: 책 strange: 이상한 desire: 욕망 outlive: ~보다 오래 지속되다 performance: 실행/행동 times: ~배 short: 짧은 bore: 지루하다 real: 진짜의 fantasy: 환상

UNIT 04 be 동사의 부정문

be 동사의 부정문은 be 동사(am, is, are) 뒤에 "not"을 추가하여 만들 수 있습니다. 예를 들어, "He is a student."라는 문장을 부정문으로 바꾸면 "He is not a student."가 됩니다. 이때 "not"이 be 동사 뒤에 위치해야하며, 문장을 부정의 의미로 바꿔줍니다.

We are not makers of history. We are made by history.
— Martin Luther King Jr.

우리는 역사의 창조자가 아니다. 우리는 역사에 의해 만들어진다.

1 The world is not dangerous because of those who do harm but because of those who look at it without doing anything.
— Albert Einstein

세상이 위험한 것은 해를 끼치는 사람들 때문이 아니라, 아무것도 하지 않고 바라보는 사람들 때문입니다.

2 Life is not measured by the number of breaths we take, but by the moments that take our breath away.   — Maya Angelou

인생은 우리가 숨 쉬는 횟수로 측정되는 것이 아니라, 우리의 숨을 멎게 하는 순간들로 측정된다.

3 I am not what happened to me, I am what I choose to become.
— Carl Jung

나는 내게 일어난 일이 아니고, 내가 되기로 선택한 것이다.

4 Life isn't about finding yourself. Life is about creating yourself.
— George Bernard Shaw

삶은 자신을 찾는 것이 아니라, 자신을 창조하는 것이다.

5\. Art is not what you see, but what you make others see.
                                                  - *Edgar Degas*

예술은 당신이 보는 것이 아니라, 당신이 다른 사람들로 하여금 보게 만드는 것입니다.

6\. Peace is not the absence of conflict, but the ability to handle conflict by peaceful means.
                                                  - *Ronald Reagan*

평화는 갈등이 없는 것이 아니라, 평화적인 방법으로 갈등을 다룰 수 있는 능력이다.

[에피소드]

1983년, 레이건 대통령은 소련과의 심각한 긴장 상태에 직면해 있었습니다. 당시 소련은 KAL 007 민간 항공기를 격추시켰고, 이는 전 세계에 큰 충격을 주었습니다. 많은 사람들이 강경 대응을 요구했지만, 레이건은 다른 접근 방식을 선택했습니다.

대신 그는 "평화를 통한 힘"(Peace Through Strength)이라는 전략을 추구했습니다. 군사력을 유지하면서도, 동시에 소련과의 대화 채널을 계속 열어두었죠. 그는 이 시기에 위 명언을 언급하며, 갈등이 있더라도 그것을 평화적으로 해결하는 것이 진정한 평화라고 강조했습니다.

이 접근법은 결과적으로 효과적이었습니다. 레이건은 소련의 고르바초프와 직접 대화를 시작했고, 이는 결국 냉전 종식으로 이어지는 중요한 발걸음이 되었습니다. 이 일화는 갈등을 회피하는 것이 아니라, 평화적으로 해결하려 노력하는 것이 진정한 평화의 길이라는 그의 철학을 잘 보여줍니다. 이 에피소드는 그의 명언이 단순한 수사가 아니라, 실제 국제 정치에서 실천된 원칙이었음을 보여주는 좋은 예시입니다.

---

maker: 창조자 history: 역사 dangerous: 위험한 harm: 해 measure: 측정하다 breath: 숨 moment: 순간 take away: 빼앗다 happen: 일어나다 choose: 선택하다 become: 되다 find: 찾다 create: 창조하다 art: 예술 peace: 평화 absence: 부재 conflict: 갈등 ability: 능력 handle: 다루다 means: 방법

확인테스트

A 다음 중 괄호 안에서 알맞은 것을 고르시오.

1. The only way to do great work (am, are, is) to love what you do.
   훌륭한 일을 하는 유일한 방법은 당신이 하는 일을 사랑하는 것이다.

2. (Am, Are, Is) you afraid to be yourself?
   당신은 자신이 되는 것이 두렵습니까?

3. I (am not, is not, are not) what happened to me, I (am, are, is) what I choose to become.
   나는 내게 일어난 일이 아니고, 내가 되기로 선택한 것이다.

4. (Am, Are, Is) we not like two volumes of one book?
   우리는 한 권의 책 속 두 권의 이야기와 같지 않습니까?

B 다음 중 해석에 맞게 틀린 부분을 바르게 고치시오

1. 삶은 우리 자신을 지루하게 만들기에는 백 배는 짧지 않습니까?
   Are life not a hundred times too short for us to bore ourselves?
   _____ → _____

2. 누군가를 얼마나 사랑할 수 있는지 한계가 있을까요?
   Am there a limit to how much you can love someone?
   _____ → _____

3. 미래를 예측하는 가장 좋은 방법은 그것을 창조하는 것이다.
   The best way to predict the future am to create it.
   _____ → _____

4. 우리는 한 권의 책 속 두 권의 이야기와 같지 않습니까?
   Is we not like two volumes of one book?
   _____ → _____

A 1. is 2. Are 3. am not, am 4. Are
B 1. Are, Is 2. Am, Is 3. am, is 4. Is, Are

Review

01 Be 동사

1) be 동사는 존재, 상태, 성질 등을 나타내는 기본 동사이다.
2) am, is, are, was, were 등의 형태로 사용된다.
3) 주어의 인칭, 수, 시제에 따라 형태가 변한다.

02 Be 동사의 축약형

1) be 동사의 축약형은 am, is, are 같은 be 동사를 줄여 쓰는 형태이다.
2) 주어와 동사를 붙여서 'm, 's, 're로 표기한다.
3) 예를 들어, "I am"은 "I'm", "he is"는 "he's", "they are"는 "they're"로 축약한다.

03 Be 동사의 의문문

1) be 동사(am, is, are)를 문장의 주어 앞에 위치시켜 만들 수 있다.
2) 평서문 "She is a teacher."는 의문문으로 바꾸면 "Is she a teacher?"가 된다.
3) be 동사가 문장의 처음에 오고 주어가 그 뒤에 위치해야 한다.

04 Be 동사의 부정문

1) be 동사(am, is, are) 뒤에 "not"을 추가하여 만들 수 있다.
2) "He is a student."라는 문장을 부정문으로 바꾸면 "He is not a student."가 된다.
3) "not"이 be 동사 뒤에 위치해야하며, 문장을 부정의 의미로 바꿔준다.

명문법 - 명언으로 배우는 영문법

CHAPTER 02

일반 동사

> 먹고(eat), 마시고(drink), 노래하고(sing), 달리고(run)… 등등 누군가의 움직임을 나타내는 말이다.
> 이와 같이 움직임을 나타내는 동사를 '일반 동사'라고 한다.

UNIT 01 ▶ 일반 동사와 일반 동사의 현재시제

일반 동사는 영어에서 동작이나 상태를 나타내는 동사를 말하며, be동사와는 구별됩니다. 일반 동사의 현재시제는 현재 일어나는 일이나 반복적인 행동을 표현하는 시제입니다. 주어가 3인칭 단수인 경우에는 동사에 '-s'나 '-es'를 붙여서 변형할 수 있습니다(예 "He runs," "She plays").

Time and tide **wait** for no man.

- Geoffrey Chaucer

시간과 조수는 아무도 기다리지 않는다.

1 Happiness **depends** upon ourselves.   - Aristotle
   행복은 우리 자신에게 달려 있다.

2 What you do today can **improve** all your tomorrows.
   - Ralph Marston
   오늘 당신이 하는 일이 당신의 모든 내일을 개선할 수 있다.

3 A good laugh **heals** a lot of hurts.   - Madeleine L'Engle
   좋은 웃음은 많은 상처를 치유한다.

4 Time **stays** long enough for anyone who will use it.
   - Leonardo da Vinci
   시간은 그것을 사용할 사람에게 충분히 길다.

5 Good habits formed at youth **make** all the difference.
   - Aristotle
   젊었을 때 형성된 좋은 습관은 모든 차이를 만듭니다.

6   The journey of a thousand miles begins with one step.

- Lao Tzu

천 리 길도 한 걸음부터 시작된다.

[에피소드]

이 명언은 중국의 고대 철학자 '노자'가 한 말로, 특히 현대의 많은 사람들에게 큰 영향을 미쳤습니다. 그중에서도 한 유명한 이야기는 '마틴 루터 킹 주니어(Martin Luther King Jr.)'의 미국 민권 운동과 관련이 있습니다. 킹 목사는 미국에서 인종 차별을 종식시키기 위한 거대한 여정을 시작할 때, 처음에는 매우 작은 한 걸음에서 시작했습니다. 그는 비폭력 저항과 시민 불복종 운동을 통해 사회적 변화를 이끌어내기 위해 노력했으며, 이는 결국 미국 전역의 민권법 제정으로 이어졌습니다. "천 리 길도 한 걸음부터 시작된다"는 노자의 가르침은 킹 목사의 행동과 일치했기 때문에, 그는 이 명언의 정신을 자신의 삶과 운동에 나타냈습니다. 이처럼 작은 한 걸음이 거대한 변화를 일으킬 수 있다는 점에서, 이 명언은 많은 사람들에게 큰 영감을 주었다는 것을 알 수 있습니다.

---

wait: 기다리다 tide: 조수 depend: ~에 달려있다 improve: 개선하다 tomorrow: 내일 heal: 치유하다 hurt: 상처 stay: 머무르다 enough: 충분한 habit: 습관 form: 형성하다 youth: 젊음 difference: 차이 journey: 여행 mile: 마일 begin: 시작하다

UNIT 02 ▶ 3인칭 단수형

일반 동사의 3인칭 단수형은 주어가 단수의 제3자(그/그녀/그것)일 때 사용하는 동사 형태입니다. 이러한 경우, 대부분의 동사에 -s나 -es를 붙여 변형합니다. 예를 들어 "He runs."나 "She watches."와 같이 사용합니다.

Success **breeds** success. — *Mia Hamm*

성공은 성공을 낳는다.

1. He who fears he will suffer, already **suffers** because he fears.
   — *Michel de Montaigne*
   고통을 두려워하는 사람은 이미 두려움 때문에 고통을 겪는다.

2. Time **flies** over us but **leaves** its shadow behind.
   — *Nathaniel Hawthorne*
   시간은 우리를 지나가지만 그 그림자를 남긴다.

3. The future **belongs** to those who believe in the beauty of their dreams. — *Eleanor Roosevelt*
   미래는 자신의 꿈의 아름다움을 믿는 사람들의 것이다.

4. Happiness **lies** in the joy of achievement and the thrill of creative effort. — *Franklin D. Roosevelt*
   행복은 성취의 기쁨과 창의적 노력의 스릴에 있다.

5. A wise man **learns** more from his enemies than a fool from his friends. — *Baltasar Gracian*
   지혜로운 사람은 어리석은 사람이 친구에게서 배우는 것보다 적으로부터 더 많이 배운다.

6 The greatest glory in living lies not in never falling, but in rising every time we fall.
                                                            - *Nelson Mandela*

살아가는 데 있어 가장 큰 영광은 결코 넘어지지 않는 것이 아니라, 넘어질 때마다 다시 일어나는 것이다.

[에피소드]
이 명언은 '넬슨 만델라'의 삶 자체를 상징적으로 나타냅니다. 만델라는 남아프리카공화국의 인종차별 정책인 아파르트헤이트에 반대하며 오랜 시간 동안 투쟁했기 때문에 그는 27년간 감옥에 갇혀 있었지만, 그 기간 동안에도 그는 결코 자신의 신념을 버리지 않았습니다. 만델라는 석방된 후 남아프리카공화국의 첫 흑인 대통령이 되었고, 인종 간 화해와 평화로운 전환을 이끌었습니다. 그의 명언은 단순한 말이 아니라, 그의 삶의 여정에서 얻은 깊은 통찰력을 담고 있습니다. 만델라의 삶은 넘어지더라도 다시 일어나는 것이 얼마나 중요한지를 보여줍니다.

breed: 낳다/생산하다 fear: 두려워하다 suffer: 고통받다 fly: 날다 leave: 남기다 shadow: 그림자 belong: ~의 것이다 believe: 믿다 beauty: 아름다움 lie: (어떤 상태에) 있다 joy: 기쁨 achievement: 성취 thrill: 스릴 effort: 노력 wise: 현명한 learn: 배우다 enemy: 적 fool: 바보 glory: 영광 rise: 일어나다 fall: 넘어지다

UNIT 03 의문문

일반 동사의 의문문은 일반 동사가 포함된 문장에서 질문을 할 때 사용됩니다. 의문문을 만들기 위해서는 보통 조동사(do, does, did)를 주어 앞에 배치하고, 일반 동사는 원형으로 씁니다. 예를 들어, "You like coffee."라는 문장은 "Do you like coffee?"로 의문문을 만들 수 있습니다.

Did you ever **notice** how 'What the hell' is always the right decision?
— *Marilyn Monroe*

'뭐 어때'가 항상 옳은 결정이라는 것을 알아차린 적 있습니까?

1. **Does** the end **justify** the means?   — *Niccolò Machiavelli*

   목적이 수단을 정당화합니까?

2. **Did** I **offer** peace today? **Did** I **bring** a smile to someone's face?
   — *Henri Nouwen*

   오늘 내가 평화를 제공했습니까? 누군가의 얼굴에 미소를 가져왔나요?

3. **Did** you ever **have** a hunch and ignore it, only to find out later you were right?   — *John R. Dallas Jr.*

   직감을 무시했지만 나중에 그 직감이 맞았다는 것을 알게 된 적이 있습니까?

4. **Does** a fool **learn** only from his own mistakes?
   — *Otto von Bismarck*

   바보는 오직 자신의 실수로만 배우나요?

5. **Did** you ever **stop** to think, and **forget** to start again?
   — *A.A. Milne*

   생각을 멈추고 다시 시작하는 것을 잊은 적이 있습니까?

6 **Do** you **want** to know who you are? Don't ask. Act! Action will delineate and define you.
　　　　　　　　　　　　　　　　　　　　　　　　　　- *Thomas Jefferson*

당신이 누구인지 알고 싶습니까? 묻지 마세요. 행동하세요! 행동이 당신을 규명하고 정의할 것입니다.

[에피소드]

이 명언은 미국의 독립을 이끈 지도자 중 한 명인 '토마스 제퍼슨'이 독립선언문을 작성할 때, 미국의 미래를 위해 어떤 결정이 필요한지 깊이 고민했지만, 그 결정이 실제로 무엇을 의미하는지는 그 후에 이루어진 행동들에 의해 정의될 것임을 알고 있었습니다. 따라서 그는 이 명언을 통해 말과 질문보다는 행동이 사람을 규명하고, 그 사람의 본질을 드러내는 중요한 요소라고 강조했습니다. 이는 단순히 자기 자신을 이해하는 것뿐만 아니라, 국가와 사회가 나아가야 할 길을 선택하는 데 있어서도 중요한 메시지를 전달합니다.

notice: 알아차리다 justify: 정당화하다 means: 수단 offer: 제공하다 peace: 평화 bring: 가져오다 smile: 미소 hunch: 직감 ignore: 무시하다 later: 나중에 fool: 바보 learn: 배우다 mistake: 실수 stop: 멈추다 forget: 잊다 want: 원하다 act: 행동하다 delineate: 규명하다 define: 정의하다

UNIT 04 부정문

일반 동사의 부정문은 주어가 어떤 동작을 하지 않음을 나타낼 때 사용됩니다. 현재 시제에서는 "do not" 또는 "does not"을 일반동사 앞에 사용하며, 과거 시제에서는 "did not"을 사용합니다. 예를 들어, "I do not like coffee."는 "나는 커피를 좋아하지 않는다."라는 뜻이고, "She did not go to the party."는 "그녀는 파티에 가지 않았다."라는 뜻입니다.

You do not find the happy life. You make it.
- Camilla E. Kimball

행복한 삶을 찾는 것이 아니라, 스스로 만들어야 한다.

1 I do not think much of a man who is not wiser today than he was yesterday.   - Abraham Lincol
나는 어제보다 오늘 더 현명하지 않은 사람을 높이 평가하지 않는다.

2 I didn't know I was a slave until I found out I couldn't do the things I wanted.   - Frederick Douglass
나는 내가 하고 싶은 일을 할 수 없다는 것을 알게 될 때까지 내가 노예인 줄 몰랐다.

3 Success doesn't come from what you do occasionally, it comes from what you do consistently.   - Marie Forleo
성공은 가끔 하는 일에서 오지 않는다, 꾸준히 하는 일에서 온다.

4 Success does not consist in never making mistakes but in never making the same one a second time.   - George Bernard Shaw
성공은 결코 실수를 하지 않는 것이 아니라, 동일한 실수를 두 번 하지 않는 데 있다.

5 I didn't come this far to only come this far.   - Tom Brady
나는 여기까지 오기 위해서만 여기까지 온 것이 아니다.

6 I didn't get there by wishing for it or hoping for it, but by working for it.
   - *Estée Lauder*

나는 그것을 바라는 것만으로 도달하지 않았다. 그것을 위해 노력했다.

[에피소드]

'Estée Lauder'는 자신의 이름을 딴 글로벌 뷰티 브랜드를 창립한 기업가로, 자신의 제품을 판매하고 브랜드를 알리기 위해 끝없는 노력을 기울였습니다. 초창기에는 많은 화장품 가게들이 그녀의 제품을 취급하지 않았습니다. 하지만 Lauder는 포기하지 않았고, 직접 샘플을 들고 다니며 매장에 방문해 매니저들에게 제품을 시도해보게 했습니다. 그녀의 끈질긴 노력 끝에 제품이 인정받게 되었고, 결국 Estée Lauder는 전 세계에서 인정받는 브랜드로 성장했습니다.

이 명언은 Lauder가 자신의 성공이 단순한 소망이나 희망이 아닌, 실제적인 노력과 결단력 덕분에 이루어진 것임을 강조한 것입니다. 그녀의 인생은 이 명언을 그대로 실천한 예시라고 할 수 있습니다.

---

find: 찾다 make: 만들다 think: 생각하다 wise: 현명한 slave: 노예 until: ~할 때까지 success: 성공 occasionally: 가끔 consistently: 꾸준히 consist: 구성되다 mistake: 실수 far: 멀리 wish: 바라다 hope: 희망하다 work: 일하다/노력하다

확인테스트

A 다음 중 괄호 안에서 알맞은 것을 고르시오.

1. Time and tide (wait, waits) for no man.
   시간과 조수는 아무도 기다리지 않는다.

2. You (do, does) not find the happy life. You make it.
   행복한 삶을 찾는 것이 아니라, 스스로 만들어야 합니다.

3. (Do, Does) the end justify the means?
   목적이 수단을 정당화합니까?

4. The journey of a thousand miles (begin, begins) with one step.
   천 리 길도 한 걸음부터 시작된다.

B 다음 중 해석에 맞게 틀린 부분을 바르게 고치시오

1. 성공은 성공을 낳는다.
   Success breed success.
   _____ → _____

2. 바보는 오직 자신의 실수로만 배우나요?
   Does a fool learns only from his own mistakes?
   _____ → _____

3. 행복은 우리 자신에게 달려 있다.
   Happiness depend upon ourselves.
   _____ → _____

4. 나는 그것을 바라는 것만으로 도달하지 않았다. 그것을 위해 노력했다.
   I don't get there by wishing for it or hoping for it, but by working for it.
   _____ → _____

A 1. wait   2. do   3. Does   4. begins
B 1. breed, breads   2. learns, learn   3. depend, depends   4. don't, didn't

Review

01 일반 동사와 일반 동사의 현재시제

1) 일반 동사는 영어에서 동작이나 상태를 나타내는 동사를 말한다.
2) 일반 동사의 현재시제는 현재 일어나는 일이나 반복적인 행동을 표현하는 시제이다.
3) 주어가 3인칭 단수인 경우에는 동사에 '-s'나 '-es'를 붙여서 변형할 수 있다.

02 3인칭 단수형

1) 주어가 단수의 제3자(그/그녀/그것)일 때 사용하는 동사 형태이다.
2) 대부분의 동사에 -s나 -es를 붙여 변형한다.
3) "He runs."나 "She watches."와 같이 사용한다.

03 의문문

1) 일반 동사가 포함된 문장에서 질문을 할 때 사용된다.
2) 조동사(do, does, did)를 주어 앞에 배치하고, 일반 동사는 원형으로 쓴다.
3) "You like coffee."라는 문장은 "Do you like coffee?"로 의문문을 만들 수 있다.

04 부정문

1) 주어가 어떤 동작을 하지 않음을 나타낼 때 사용된다.
2) 현재 시제에서는 "do not" 또는 "does not"을 일반동사 앞에 사용한다.
3) "I do not like coffee."는 "나는 커피를 좋아하지 않는다."라는 뜻이다
4) 과거 시제에서는 "did not"을 사용한다.
5) "She did not go to the party."는 "그녀는 파티에 가지 않았다."라는 뜻이다.

명문법 - 명언으로 배우는 영문법

CHAPTER
03

명사와 관사

> 피자, 달, 서울, 손흥민⋯.
> 이처럼 우리가 알고 있는 세상의 모든 사물과 사람에게는 이름이 있다.
> 이 세상에 존재하는 모든 것에 빠짐없이 있는 이름
> 이 이름을 바로 '명사'라고 한다.
>
> 명사 앞에 와서 그 사물이나 사람에 대한
> 여러 가지 정보를 주는 역할을 하는 것을 '관사'라고 한다.
> 그 '관사'를 통해서 우리는 '명사'에 대해서 좀 더 정확히 알 수 있게 된다.

UNIT 01 명사의 종류

명사는 사람, 장소, 사물, 생각 등을 나타내는 품사입니다. 명사는 크게 보통명사, 고유명사, 집합명사, 물질명사, 추상명사로 나눌 수 있습니다. 예를 들어, "책(book)"은 보통명사, "서울(Seoul)"은 고유명사, "무리(group)"는 집합명사, "물(water)"은 물질명사, "사랑(love)"은 추상명사에 해당합니다.

Patience is bitter, but its fruit is sweet.

- Jean-Jacques Rousseau

인내는 쓰지만, 그 열매는 달다.

1. Books are a uniquely portable magic.   - Stephen King

   책은 독특하게도 휴대 가능한 마법이다.

2. The only thing we have to fear is fear itself.

   - Franklin D. Roosevelt

   우리가 두려워해야 할 유일한 것은 두려움 그 자체이다.

3. Paris is always a good idea.   - Audrey Hepburn

   파리는 언제나 좋은 생각이다.

4. Education is the most powerful weapon which you can use to change the world.   - Nelson Mandela

   교육은 당신이 세상을 변화시키기 위해 사용할 수 있는 가장 강력한 무기이다.

5. Water is the driving force of all nature.   - Leonardo da Vinci

   물은 모든 자연의 원동력이다.

6   Imagination is more important than knowledge.

- *Albert Einstein*

상상력은 지식보다 더 중요하다.

[에피소드]

'알버트 아인슈타인'은 과학자이자 물리학자로서 천재적인 지식과 논리적 사고로 잘 알려져 있지만, 그는 상상력의 중요성을 굉장히 강조했습니다. 그는 자신이 과학적 발견을 할 때에도 단순히 지식에만 의존하지 않고, 상상력을 발휘하여 새로운 아이디어와 개념을 탐구했다고 말했습니다. 아인슈타인은 한 번은 한 기자에게 "당신은 과학적 업적을 이루기 위해 무엇이 가장 중요하다고 생각합니까?"라는 질문을 받았을 때, 그는 "지식은 한계가 있지만, 상상력은 세상의 모든 것을 포괄할 수 있다"라고 답변했습니다.

이 에피소드는 아인슈타인의 과학적 업적이 단순히 지식 축적의 결과가 아니라, 상상력과 창의적인 사고가 결합된 결과였다는 점을 강조합니다. 아인슈타인은 상상력을 통해 기존의 틀을 넘어 새로운 관점을 제시했고, 이를 통해 그의 과학적 혁신을 가능하게 만들었습니다.

---

patience: 인내 fruit: 열매 bitter: 쓴 sweet: 달콤한 book: 책 portable: 휴대할 수 있는 magic: 마법 thing: 것 fear: 두려움 idea: 생각 education: 교육 weapon: 무기 powerful: 강력한 world: 세상 water: 물 force: 힘 nature: 자연 imagination: 상상력 knowledge: 지식

UNIT 02 명사의 단수와 복수

명사는 가산명사와 불가산 명사로 분류됩니다. 단수와 복수는 명사의 수를 나타내는 중요한 문법 개념입니다. 단수 명사는 가산명사인 하나의 사람, 사물, 장소 등을 가리킬 때와 불가산 명사를 가리킬 때 사용되며, 복수 명사는 가산명사로 두 개 이상의 사람, 사물, 장소 등을 나타냅니다. 대부분의 명사는 끝에 "-s"나 "-es"를 붙여 복수형을 만드나, 불규칙 명사는 예외적으로 다른 형태로 변할 수 있습니다.

Knowledge is power.   - *Francis Bacon*

지식은 힘이다.

---

1. **Dreams** are the **touchstones** of our **character**.
   - *Henry David Thoreau*

   꿈은 우리의 인격을 평가하는 시금석이다.

2. **Books** are the **mirrors** of the **soul**.   - *Virginia Woolf*

   책은 영혼의 거울이다.

3. The **roots** of **education** are bitter, but the **fruit** is sweet.
   - *Aristotle*

   교육의 뿌리는 쓰지만, 열매는 달다.

4. Good **friends**, good **books**, and a sleepy **conscience**: this is the ideal **life**.   - *Mark Twain*

   좋은 친구, 좋은 책, 그리고 편안한 양심: 이것이 이상적인 삶이다.

5   Ideas are the beginning points of all fortunes.
- Napoleon Hill

아이디어는 모든 부의 출발점이다.

6   Courage is resistance to fear, mastery of fear, not absence of fear.
- Mark Twain

용기는 두려움을 저항하고, 두려움을 지배하는 것이지, 두려움이 없는 것이 아니다.

[에피소드]

'마크 트웨인'은 자신의 삶에서 여러 가지 도전과 두려움을 마주했으며, 이를 극복하는 과정에서 얻은 통찰력을 바탕으로 이와 같은 말을 남겼습니다. 트웨인은 젊었을 때 금광을 찾기 위해 서부로 떠났다가 실패하고, 그 이후에 여러 가지 어려움을 겪었지만, 결국 이 모든 경험이 그를 강하게 만들었고, 그의 작품에 깊이와 통찰을 더해주었습니다.

이 명언은 트웨인의 삶의 철학을 반영하며, 두려움을 이기는 것이 용기의 핵심임을 강조합니다. 그에게 용기는 두려움이 없는 상태가 아니라, 두려움을 직면하고 그것을 극복하는 과정이었기 때문에 오늘날에도 많은 사람들에게 영감을 주고 있습니다.

---

knowledge: 지식 power: 힘 dream: 꿈 touchstone: 시금석 character: 인격 book: 책 mirror: 거울 soul: 영혼 root: 뿌리 education: 교육 fruit: 열매 bitter: 쓴 sweet: 달콤한 friend: 친구 conscience: 양심 ideal: 이상적인 life: 삶 idea: 아이디어 point: 점 fortune: 재산/부 courage: 용기 resistance: 저항 fear: 두려움 mastery: 지배 absence: 부재

UNIT 03 부정관사

부정관사는 영어에서 가산명사를 불특정한 단수 형태로 나타낼 때 사용하는 관사입니다. 주로 "a"나 "an"을 사용하며, "a"는 자음으로 시작하는 단어 앞에, "an"은 모음으로 시작하는 단어 앞에 붙입니다. 예를 들어, "a book"은 특정하지 않은 하나의 책을 의미하고, "an apple"은 특정하지 않은 하나의 사과를 의미합니다.

A friend to all is a friend to none. - *Aristotle*

모두의 친구는 누구의 친구도 아니다.

1 An investment in knowledge pays the best interest.
- *Benjamin Franklin*

지식에 대한 투자는 최고의 이자를 낳는다.

2 A good laugh is a sunshine in the house.
- *William Makepeace Thackeray*

좋은 웃음은 집안의 햇살과 같다.

3 A person who never made a mistake never tried anything new.
- *Albert Einstein*

한 번도 실수를 하지 않은 사람은 새로운 것을 시도해 본 적이 없는 사람이다.

4 A smile is a curve that sets everything straight. - *Phyllis Diller*

미소는 모든 것을 바로잡는 곡선이다.

5 An unexamined life is not worth living. - *Socrates*

성찰하지 않은 삶은 살 가치가 없다.

6   An eye for an eye only ends up making the whole world blind.

- *Mahatma Gandhi*

눈에는 눈이라는 복수는 결국 세상을 맹인으로 만들 뿐이다.

[에피소드]

이 명언은 '간디'가 비폭력 저항 운동을 통해 인도의 독립을 이끌어내기 위해 사용했던 철학을 여실히 보여주는 명언입니다. 간디는 영국의 식민 통치에 저항하기 위해 물리적 폭력을 사용하는 대신, 평화로운 저항을 통해 독립을 쟁취하려고 했습니다. 그는 폭력이 폭력을 낳고, 복수심이 더욱 큰 불화를 초래한다는 사실을 강조하면서, 오직 비폭력적인 방법만이 지속 가능한 평화를 가져올 수 있다고 믿었습니다. 이 명언은 이러한 간디의 신념을 매우 잘 나타내며, 전 세계적으로 비폭력 운동의 상징이 되었습니다.

friend: 친구 none: 아무도 ~없는 investment: 투자 interest: 이자 laugh: 웃음 sunshine: 햇살 mistake: 실수 try: 시도하다 smile: 미소 curve: 곡선 straight: 곧은 unexamined: 성찰하지 않은 worth: 가치 있는 eye: 눈 blind: 맹인

UNIT 04 정관사

정관사란 가산명사 또는 불가산 명사 앞에 붙여서 특정한 사람이나 사물을 가리킬 때 사용하는 "the"를 말합니다. "The"는 듣는 사람이나 독자가 무엇을 가리키는지 알고 있을 때 사용되며, 이미 언급된 명사나 모두가 알고 있는 유일한 것을 나타낼 때 쓰입니다. 예를 들어, "the sun"은 태양이라는 특정한 유일한 존재를 가리키기 때문에 정관사 "the"를 사용합니다.

The mind is everything. What you think, you become.
- Buddha

마음이 모든 것이다. 당신이 생각하는 것이 당신이 된다.

1 The purpose of life is a life of purpose.   - Robert Byrne
   삶의 목적은 목적이 있는 삶이다.

2 The secret of getting ahead is getting started.   - Mark Twain
   앞서 나가는 비결은 시작하는 것이다.

3 The truth is rarely pure and never simple.   - Oscar Wilde
   진실은 순수한 경우가 드물고 결코 단순하지 않다.

4 The heart has its reasons which reason knows nothing of.
                                                - Blaise Pascal
   마음에는 이성이 알지 못하는 그만의 이유가 있다.

5 The best revenge is massive success.   - Frank Sinatra
   최고의 복수는 엄청난 성공이다.

6   The pen is mightier than the sword.   - *Edward Bulwer-Lytton*
펜은 칼보다 강하다.

[에피소드]

이 명언은 영국의 소설가이자 극작가인 에드워드 불워-리튼 Edward Bulwer-Lytton)이 1839년에 발표한 희곡 "리슐리외 Richelieu)"에서 처음 등장했습니다. 이 문구는 리슐리외 추기경이 적에게 자신이 무장하지 않았음을 알리면서, "하지만 나는 칼보다 더 강력한 도구를 가지고 있다. 그것은 펜이다."라고 말하는 장면에서 나옵니다.

이 문구는 이후로도 강력한 의미를 지니게 되었는데, 특히 언론과 사상의 자유가 무력보다 더 큰 변화를 이끌어낼 수 있다는 점을 강조하는 데 사용됩니다. 이 명언은 시간이 지남에 따라 정치적, 사회적 맥락에서 자주 인용되었고, 평화적 저항이나 언론의 힘을 상징하는 중요한 말로 자리 잡았습니다.

mind: 마음 everything: 모든 것 become: 되다 purpose: 목적 secret: 비결 ahead: 앞서 get started: 시작하다 truth: 진실 rarely: 드물게 pure: 순수한 simple: 단순한 heart: 마음 reason: 이성/이유 nothing of: 전혀 ~이 아니다 revenge: 복수 massive: 엄청난 success: 성공 pen: 펜 mighty: 강력한 sword: 칼

확인테스트

A 다음 중 괄호 안에서 알맞은 것을 고르시오.

1. (A, An) friend to all is a friend to none.
   모두의 친구는 누구의 친구도 아니다.

2. (Idea, Ideas) are the beginning points of all fortunes.
   아이디어는 모든 부의 출발점이다.

3. (A, The) pen is mightier than the sword.
   펜은 칼보다 강하다.

4. (Book, Books) are a uniquely portable magic.
   책은 독특하게도 휴대 가능한 마법이다.

B 다음 중 해석에 맞게 틀린 부분을 바르게 고치시오

1. 지식은 힘이다.
   Power is knowledge.
   _____ → _____

2. 마음이 모든 것이다. 당신이 생각하는 것이 당신이 된다.
   A mind is everything. What you think, you become.
   _____ → _____

3. 파리는 언제나 좋은 생각이다.
   Paris is always a good ideas.
   _____ → _____

4. 성찰하지 않은 삶은 살 가치가 없다.
   A unexamined life is not worth living.
   _____ → _____

A 1. A 2. Ideas 3. The 4. Books
B 1. power, Knowledge 2. A, The 3. ideas, idea 4. A, An

Review

01 명사의 종류

1) 명사는 사람, 장소, 사물, 생각 등을 나타내는 품사이다.
2) 보통명사, 고유명사, 집합명사, 물질명사, 추상명사로 나눌 수 있다.
3) "책(book)"은 보통명사, "서울(Seoul)"은 고유명사, "무리(group)"는 집합명사, "물(water)"은 물질명사, "사랑(love)"은 추상명사에 해당한다.

02 명사의 단수와 복수

1) 명사는 가산명사와 불가산 명사로 분류된다.
2) 단수 명사는 하나의 사람, 사물, 장소 등을 가리킬 때와 불가산 명사를 가리킬 때 사용된다.
3) 복수 명사는 가산명사로 두 개 이상의 사람, 사물, 장소 등을 나타냅니다.
4) 대부분의 명사는 끝에 "-s"나 "-es"를 붙여 복수형을 만드나, 불규칙 명사는 예외적으로 다른 형태로 변할 수 있다.

03 부정관사

1) 부정관사는 영어에서 가산명사를 불특정한 단수 형태로 나타낼 때 사용하는 관사이다.
2) "a"나 "an"을 사용하며, "a"는 자음으로 시작하는 단어 앞에, "an"은 모음으로 시작하는 단어 앞에 붙인다.
3) "a book"은 특정하지 않은 하나의 책을 의미하고, "an apple"은 특정하지 않은 하나의 사과를 의미한다.

04 정관사

1) 정관사란 명사 앞에 붙여서 특정한 사람이나 사물을 가리킬 때 사용하는 "the"를 말한다.
2) "the"는 듣는 사람이나 독자가 무엇을 가리키는지 알고 있을 때 사용된다.
3) 이미 언급된 명사나 모두가 알고 있는 유일한 것을 나타낼 때 쓰인다.

명문법 - 명언으로 배우는 영문법

CHAPTER 04

대명사

어떤 명사를 말할때마다 계속 같은 이름을 불러야 한다면
상당히 번거로울 것이다.
그럴 때 그 명사를 대신해서 부를 수 있는 명사가 있다면 편리해진다.
그러한 명사를 '대명사'라고 한다.

UNIT 01 인칭대명사

인칭대명사는 사람이나 사물을 지칭하는 대명사로, 대화나 글에서 반복되는 명사 대신 사용됩니다. 인칭대명사는 화자의 입장에 따라 1인칭(나, 우리), 2인칭(너, 너희), 3인칭(그, 그녀, 그것, 그들)으로 나뉘며, 주격, 목적격, 소유격 등 다양한 형태로 사용됩니다. 예를 들어, "I," "you," "he," "she," "it," "we," "they" 등이 인칭대명사입니다.

She who conquers herself is the mightiest warrior.
- Confucius

자신을 정복하는 자가 가장 강한 전사다.

---

1 He who has a why to live can bear almost any how.
- Friedrich Nietzsche

살아야 할 이유를 가진 사람은 거의 모든 고난을 견딜 수 있다.

2 He who knows himself is enlightened. - Lao Tzu

자신을 아는 사람은 깨달음을 얻는다.

3 She believed she could, so she did. - R.S. Grey

그녀는 할 수 있다고 믿었고, 그래서 해냈다.

4 They can because they think they can. - Virgil

그들은 할 수 있다고 생각하기 때문에 할 수 있다.

5 He that can have patience can have what he will.
- Benjamin Franklin

인내할 수 있는 사람은 원하는 것을 가질 수 있다.

6   You must be the change you wish to see in the world.

- Mahatma Gandhi

당신이 세상에서 보고 싶은 변화가 되어야 한다.

[에피소드]

이 명언은 'Gandhi'가 실제로 인용한 적이 없다고 알려져 있지만, 그의 철학을 완벽하게 요약한 문구로 널리 알려져 있습니다. 이 명언의 의미는 Gandhi가 인도 독립 운동을 이끌며 보여준 삶의 방식과 직접적으로 연결됩니다. Gandhi는 비폭력과 평화를 통해 변화를 이끌어냈으며, 자신이 바라는 세상을 직접 구현하기 위해 노력했습니다. 그는 개인이 세상에서 변화를 일으킬 수 있는 힘을 가지고 있으며, 그것은 자신의 행동에서 시작된다는 믿음을 가지고 있었습니다.

현대에도 많은 사람들이 이 명언을 통해서 영감을 받으며, 이 명언은 사회적, 정치적, 개인적 변화의 중요성을 상기시킵니다. Gandhi의 삶과 행동은 많은 사람들에게 '변화의 주체가 되어야 한다.'는 메시지를 전하고 있으며, 그의 철학은 오늘날까지도 강력한 영향력을 발휘하고 있습니다.

---

conquer: 정복하다 mighty: 강력한 warrior: 전사 bear: 견디다 why: 이유 how: 방법 enlightened: 깨달은 believe: 믿다 because: ~때문에 patience: 인내 will: ~할 것이다 change: 변화 wish: 바라다 world: 세상

UNIT 02 지시대명사

지시대명사는 특정한 사람, 사물, 장소 등을 가리킬 때 사용하는 대명사입니다. 영어에서 "this," "that," "these," "those"와 같은 단어들이 지시대명사에 해당합니다. "this"와 "these"는 가까운 대상을 가리킬 때, "that"과 "those"는 먼 대상을 가리킬 때 사용됩니다.

This too shall pass. － *Abraham Lincoln*

이 또한 지나가리라.

---

1 These are the times that try men's souls.   － *Thomas Paine*

이 시기는 사람들의 영혼을 시험하는 시기이다.

2 These mountains that you are carrying, you were only supposed to climb.   － *Najwa Zebian*

당신이 짊어지고 있는 이 산들은, 당신이 오르기만 하면 되는 것이었다.

3 That which does not kill us makes us stronger.

－ *Friedrich Nietzsche*

우리를 죽이지 못하는 것은 우리를 더 강하게 만든다.

4. Those moments of silence are the words I never said.

－ *Emily Dickinson*

침묵의 저 순간들은 내가 한 번도 말하지 못했던 말들이다.

5 This is not the end. It is not even the beginning of the end. But it is, perhaps, the end of the beginning.   － *Winston Churchill*

이것은 끝이 아니다. 끝의 시작조차 아니다. 그러나 아마도 시작의 끝일 것이다.

6 That's one small step for man, one giant leap for mankind.

- *Neil Armstrong*

그것은 한 인간에게는 작은 한 걸음이지만, 인류에게는 거대한 도약이다.

[에피소드]

이 명언은 1969년 7월 20일 아폴로 11호 임무 중에 달 표면에 착륙한 후 '닐 암스트롱'이 남긴 것으로, 당시 그는 달의 표면에 발을 디디며 이 말을 남겼습니다. 이 순간은 단순히 미국의 우주 탐사 역사의 정점일 뿐만 아니라, 인류 전체에게도 역사적인 순간으로 남아 있습니다. 이 명언은 우주 탐사의 중요성과 인간의 끊임없는 탐구 정신을 상징하며, 이후에도 많은 사람들에게 영감을 주고 있습니다.

pass: 지나가다 try: 시험하다 soul: 영혼 mountain: 산 carry: 짊어지다 be supposed toV: ~해야한다/~할 예정이다 climb: 오르다 kill: 죽이다 stronger: 더 강한 moment: 순간 silence: 침묵 word: 말 beginning: 시작 step: 걸음 giant: 거대한 leap: 도약 mankind: 인류

UNIT 03 it의 용법

"It"은 영어에서 다양한 용도로 사용되는 대명사입니다. 주로 앞에서 언급된 명사나 상황을 가리키거나, 가주어/진주어, 가목적어/진목적어, 비인칭 주어로 사용되어 날씨, 시간, 거리 등을 표현할 때 사용됩니다. 예를 들어, "It is snowing."에서는 날씨를 나타내는 비인칭 주어로, "I found it exciting."에서는 앞서 언급된 상황을 가리키는 대명사로 사용됩니다.

It takes a long time to grow young.

- Pablo Picasso

젊음을 되찾는 데는 오랜 시간이 걸린다.

1. It is not the mountain we conquer, but ourselves.
   - Edmund Hillary

   우리가 정복하는 것은 산이 아니라, 우리 자신이다.

2. It does not matter how slowly you go as long as you do not stop.
   - Confucius

   멈추지 않는 한 천천히 가는 것은 중요하지 않다.

3. In the end, it's not the years in your life that count. It's the life in your years.
   - Abraham Lincoln

   결국, 중요한 것은 당신의 삶에서 몇 년을 살았느냐가 아니라, 그 몇 년을 어떻게 살았느냐이다.

4. It is always darkest before the dawn. — Thomas Fuller

   새벽이 오기 전이 항상 가장 어둡다.

5. It is never too late to be what you might have been.
   - George Eliot

   당신이 될 수 있었던 사람이 되기에 늦은 때란 없다.

6 It always seems impossible until it's done.

- Nelson Mandela

그것이 이루어지기 전까지는 항상 불가능해 보인다.

[에피소드]

이 명언은 남아프리카 공화국의 아파르트헤이트(인종 차별 정책)를 종식시키기 위한 그의 오랜 투쟁과 관련이 깊습니다. '만델라'는 남아프리카의 인종 차별 정책에 반대하는 활동을 하다가 27년 동안 감옥 생활을 했습니다. 그는 감옥에서도 투쟁을 멈추지 않았으며, 마침내 1990년에 석방된 후 남아프리카의 첫 흑인 대통령으로 선출되었습니다.

그가 이루어낸 일들은 그의 동료들과 세계 사람들에게 불가능해 보였지만, 그는 자신의 신념을 굳게 믿고 끝까지 포기하지 않았습니다. 이 명언은 우리 모두가 겪을 수 있는 어려움이나 불가능해 보이는 상황에서도, 결국에는 이룰 수 있다는 희망과 용기를 주는 메시지로 널리 알려져 있습니다.

---

take: 걸리다 grow: 자라다 young: 젊은 mountain: 산 conquer: 정복하다 matter: 중요하다 slowly: 천천히 stop: 멈추다 count: 중요하다 life: 삶 year: 년 darkest: 가장 어두운 dawn: 새벽 late: 늦은 might: ~일지도 모르는 impossible: 불가능한 done: 이루어진

UNIT 04 재귀대명사

재귀대명사는 문장에서 주어와 동일한 대상에게 동작이 목적어자리에 돌아갈 때 또는 강조할 때 사용되는 대명사입니다. 일반적으로 -self 또는 -selves로 끝나며, myself, yourself, himself, herself, itself, ourselves, yourselves, themselves 등의 형태로 나타납니다. 예를 들어, "He taught himself to play the guitar."에서 himself는 주어인 He와 동일한 사람을 가리키므로 재귀대명사로 사용됩니다.

If you want to find yourself, think for yourself.
- Socrates

자신을 찾고 싶다면, 스스로 생각하라.

1. Don't compromise yourself. You're all you've got.
   - Janis Joplin

   자신을 타협하지 마라. 당신은 당신이 가진 전부이다.

2. You yourself, as much as anybody in the entire universe, deserve your love and affection.
   - Buddha

   당신 자신도 우주 전체의 누구만큼이나 당신의 사랑과 애정을 받을 자격이 있다.

3. The more you know yourself, the more clarity there is. Self-knowledge has no end.
   - Jiddu Krishnamurti

   당신 자신을 더 많이 알수록 더 많은 명확성이 생긴다. 자기 인식에는 끝이 없다.

4. You cannot teach a man anything; you can only help him find it within himself.
   - Galileo Galilei

   당신은 사람에게 아무것도 가르칠 수 없다; 그저 그가 자신의 내면에서 그것을 찾도록 도울 수 있을 뿐이다.

5   Respect yourself if you would have others respect you.

- *Baltasar Gracián*

다른 사람들에게 존경받고 싶다면, 먼저 자신을 존중하라.

6   You have within yourself the strength, the patience, and the passion to reach for the stars to change the world.

- *Harriet Tubman*

당신 안에는 세상을 바꾸기 위해 별을 잡을 힘과 인내심, 그리고 열정이 있다.

[에피소드]

이 명언을 말한 'Harriet Tubman'은 미국 남북전쟁 시기에 탈출한 노예로서 수십 명의 노예를 자유로 이끌었던 "지하철도(Underground Railroad)"의 주요 인물 중 하나였습니다. Tubman은 자신의 인내심, 힘, 열정을 믿고 수많은 위험을 무릅쓰고 사람들을 자유로 인도했습니다. 그녀의 명언, "You have within yourself the strength, the patience, and the passion to reach for the stars to change the world,"는 그녀가 자신의 신념과 용기를 통해 얼마나 많은 사람들의 삶을 변화시켰는지를 잘 보여줍니다. Tubman의 삶은 이 명언의 진정한 의미를 실천한 본보기가 됩니다.

---

find: 찾다 yourself: 당신 자신 think: 생각하다 compromise: 타협하다 deserve: ~할 자격이 있다 love: 사랑 affection: 애정 clarity: 명확성 self-knowledge: 자기 인식 teach: 가르치다 within: ~내면에 respect: 존중하다 strength: 힘 patience: 인내 passion: 열정 reach: 도달하다 star: 별 change: 변화시키다

확인테스트

A 다음 중 괄호 안에서 알맞은 것을 고르시오.

1. (This, That) too shall pass.
   이 또한 지나가리라.

2. If you want to find (you, yourself), think for (you, yourself).
   자신을 찾고 싶다면, 스스로 생각하라.

3. (That, It) takes a long time to grow young.
   젊음을 되찾는 데는 오랜 시간이 걸린다.

4. (It, They) can because they think they can.
   그들은 할 수 있다고 생각하기 때문에 할 수 있다.

B 다음 중 해석에 맞게 틀린 부분을 바르게 고치시오

1. 자신을 아는 사람은 깨달음을 얻는다.
   It who knows himself is enlightened.
   _____ → _____

2. 새벽이 오기 전이 항상 가장 어둡다.
   This is always darkest before the dawn.
   _____ → _____

3. 자신을 타협하지 마라. 당신은 당신이 가진 전부이다.
   Don't compromise you. You're all you've got.
   _____ → _____

4. 그것이 이루어지기 전까지는 항상 불가능해 보인다.
   You always seems impossible until it's done.
   _____ → _____

A 1. This 2. yourself, yourself 3. It 4. They
B 1. It, He 2. This, It 3. you, yourself 4. You, It

46 명문법 - 명언으로 배우는 영문법

Review

01 인칭대명사

1) 인칭대명사는 사람이나 사물을 지칭하는 대명사이다.
2) 대화나 글에서 반복되는 명사 대신 사용된다.
3) 1인칭(나, 우리), 2인칭(너, 너희), 3인칭(그, 그녀, 그것, 그들)으로 나눈다.
4) 주격, 목적격, 소유격 등 다양한 형태로 사용된다.

02 지시대명사

1) 특정한 사람, 사물, 장소 등을 가리킬 때 사용하는 대명사이다.
2) "this," "that," "these," "those"와 같은 단어들이다.
3) "this"와 "these"는 가까운 대상을 가리킬 때, "that"과 "those"는 먼 대상을 가리킬 때 사용된다.

03 it의 용법

1) 주로 앞에서 언급된 명사나 상황을 가리킬 때 사용된다.
2) 가주어/진주어, 가목적어/진목적어, 비인칭 주어로 사용되어 날씨, 시간, 거리 등을 표현할 때 사용된다.
3) "It is snowing."에서는 날씨를 나타내는 비인칭 주어로, "I found it exciting."에서는 앞서 언급된 상황을 가리키는 대명사로 사용된다.

04 재귀대명사

1) 문장에서 주어와 동일한 대상에게 동작이 목적어자리에 돌아갈 때 또는 강조할 때 사용되는 대명사이다.
2) 일반적으로 -self 또는 -selves로 끝나며, myself, yourself, himself, herself, itself, ourselves, yourselves, themselves 등의 형태로 나타난다.

명문법 - 명언으로 배우는 영문법

CHAPTER
05

형용사, 부사

"빨간 꽃 노란 꽃 꽃밭 가득 피어도 하얀 나비 꽃 나비 담장 위에 날아도
따스한 봄바람이 불고 또 불어도 미싱은 잘도 도네 돌아가네…"
이 노래 가사 중에서 '빨간, 노란, 하얀, 따스한'은
뒤에 나오는 '꽃, 나비, 봄바람'을 꾸며주는 말이다.
이렇듯 '명사'의 생김새나 모양, 성질, 색깔 등을
나타내주는 말을 '형용사'라고 한다.
'언제, 어디서, 어떻게, 왜' 등등 문장에서 약방의 감초처럼
곳곳에서 문장을 꾸며주고 도와주는 역할을 하는 것을 '부사'라고 한다.

UNIT 01 형용사

형용사는 명사나 대명사의 성질, 상태, 크기, 모양, 색깔 등을 묘사하거나 수식하는 단어입니다. 형용사는 주로 명사 앞이나 뒤에 위치하여 그 명사가 어떠한 특성을 가지고 있는지 설명해 줍니다. 또는 서술적 용법으로 보어 역할을 해줍니다. 예를 들어, "a beautiful flower"에서 "beautiful"은 꽃이 아름답다는 의미를 추가해 주는 명사를 수식해주는 형용사입니다. "She is pretty."는 그녀는 예쁘다는 의미를 보충설명해주는 보어 역할을 해줍니다.

The **beautiful** thing about learning is that no one can take it away from you.
- B.B. King

배움에 대한 아름다운 점은 아무도 그것을 당신에게서 빼앗을 수 없다는 것이다.

1 Life is really **simple**, but we insist on making it **complicated**.
- Confucius

삶은 정말 간단하다. 하지만 우리는 그것을 복잡하게 만드는 데 집착한다.

2 The **greatest** wealth is to live **content** with little.   - Plato

가장 큰 부는 적은 것으로 만족하며 사는 것이다.

3 A **happy** soul is the **best** shield for a **cruel** world.   - Atticus

행복한 영혼은 잔인한 세상에 대한 최고의 방패이다.

4 Only those who dare to fail greatly can ever be **great**.
- Robert F. Kennedy

대담하게 실패할 용기를 가진 자만이 위대해질 수 있다.

5 The only **impossible** journey is the one you never begin.
- Tony Robbins

유일하게 불가능한 여정은 당신이 시작하지 않은 여정이다.

6 Your time is limited, so don't waste it living someone else's life.

- *Steve Jobs*

당신의 시간은 제한적이므로, 다른 사람의 삶을 사는 데 낭비하지 말아라.

[에피소드]

이 명언은 '스티브 잡스'가 2005년 스탠퍼드 대학교 졸업식 연설에서 말한 것으로, 그의 인생 철학을 담고 있습니다. 잡스는 췌장암 진단을 받고 난 후, 자신의 유한한 삶을 깨닫고 진정으로 중요한 일에 집중하게 되었다고 합니다. 그는 이 연설을 통해 청중들에게 자신의 길을 찾고, 다른 사람의 기대에 얽매이지 말고 자신의 삶을 살아가라고 격려했습니다. 이 명언은 잡스가 자신의 삶과 경력을 돌아보며 얻은 깊은 통찰력을 나타내며, 많은 사람들에게 영감을 주고 있습니다.

---

beautiful: 아름다운 learning: 배움 take away: 빼앗다 simple: 단순한 complicated: 복잡한
insist: 고집하다 greatest: 가장 큰 content: 만족하는 wealth: 부 happy: 행복한 best: 최고의
cruel: 잔인한 shield: 방패 great: 위대한 impossible: 불가능한 journey: 여행 limited: 제한된
waste: 낭비하다

UNIT 02 수량 형용사

수량 형용사는 명사 앞에 위치하여 명사의 양이나 수량을 나타내는 형용사입니다. 이들은 셀 수 있는 명사 앞에서는 주로 many, few, several 등의 형용사를, 셀 수 없는 명사 앞에서는 much, little 등의 형용사를 사용합니다. 예를 들어, "many books"는 많은 책들을 의미하고, "much water"는 많은 물을 의미합니다.

A little knowledge is a dangerous thing.

- Alexander Pope

약간의 지식은 위험한 것이다.

1. **Much** effort, **much** prosperity.   - Euripides

   많은 노력, 많은 번영을 가져온다.

2. **Many** people fail in life because they major in minor things.

   - Tony Robbins

   많은 사람들이 사소한 일에 집중해서 인생에서 실패한다.

3. **Several** excuses are always less convincing than a single reason.

   - Aldous Huxley

   여러 가지 변명은 하나의 이유보다 항상 덜 설득력 있다.

4. **Many** hands make light work.   - John Heywood

   많은 손이 일을 가볍게 만든다.

5. **Many** men go fishing all of their lives without knowing that it is not fish they are after.   - Henry David Thoreau

   많은 사람들이 평생 낚시를 하지만, 그들이 찾고 있는 것이 물고기가 아니라는 것을 모른다.

6. Many people will walk in and out of your life, but only true friends will leave footprints in your heart. - *Eleanor Roosevelt*

많은 사람들이 당신의 삶에 들어오고 나가지만, 진정한 친구들만이 당신의 마음에 발자국을 남길 것이다.

[에피소드]

이 명언을 말한 '엘리너 루즈벨트'는 미국 역사상 가장 영향력 있는 퍼스트 레이디 중 한 명으로 꼽히며, 인권 운동가로서도 활동했습니다. 그녀는 많은 사람들과 교류했으며, 전 세계적으로 다양한 인물들과 인연을 맺었습니다. 하지만 그녀의 삶에서 가장 큰 영향을 미친 사람들 중 하나는 루즈벨트의 친구이자 조언자였던 로레나 히콕(Lorena Hickok)이었습니다.

루즈벨트와 히콕의 우정은 매우 깊고 복잡한 관계로, 이 우정이 그녀의 삶과 활동에 큰 영향을 미쳤습니다. 두 사람은 서로에게 영감을 주며 지지해주었고, 루즈벨트는 이 관계를 통해 자신이 믿는 가치를 더욱 강하게 지킬 수 있었습니다. 엘리너 루즈벨트가 이 명언을 남긴 것은 자신이 겪었던 우정의 중요성과 진정한 친구가 인생에서 얼마나 큰 의미를 갖는지를 잘 보여줍니다.

이 명언은 엘리너 루즈벨트의 삶 속에서 그녀가 겪었던 진정한 우정의 힘을 상징적으로 나타내며, 그녀의 인간 관계에 대한 깊은 통찰을 담고 있습니다.

---

little: 작은/약간의 dangerous: 위험한 much: 많은 effort: 노력 prosperity: 번영 many: 많은 major: 전공하다/집중하다 minor: 사소한 several: 여러 개의 excuse: 변명 convincing: 설득력 있는 reason: 이유 light: 가벼운 fishing: 낚시 after: ~를 찾아서 footprint: 발자국 heart: 마음

UNIT 03 부사

부사는 동사, 형용사, 다른 부사, 또는 문장 전체를 수식하여 그 의미를 보충해 주는 단어입니다. 주로 "어떻게," "언제," "어디서," "얼마나"와 같은 질문에 답하며, 행동의 방식, 시간, 장소, 빈도, 정도 등을 나타냅니다. 예를 들어, "She works quickly."에서 "quickly"는 "works"라는 동사를 수식하여 '어떻게' 일하는지를 설명하는 부사입니다.

Speak **softly** and carry a big stick; you will go far.

- Theodore Roosevelt

부드럽게 말하고 큰 막대기를 들고 가라; 당신은 멀리 갈 것이다.

1. **Quietly** endure, **silently** suffer and **patiently** wait.

    - Martin Luther King Jr.

    조용히 견디고, 조용히 참으며, 인내심을 가지고 기다리십시오.

2. You cannot **always** control what goes on outside. But you can **always** control what goes on inside.   - Wayne Dyer

    당신은 항상 외부에서 일어나는 일을 통제할 수는 없다. 하지만 내부에서 일어나는 일을 항상 통제할 수 있다.

3. Courage is **rightly** esteemed the first of human qualities because it is the quality which guarantees all others.

    - Winston Churchill

    용기는 모든 인간의 자질 중 가장 높이 평가되며, 이는 모든 다른 자질을 보장하기 때문이다.

4. Happiness depends **entirely** upon our thoughts.

    - Marcus Aurelius

    행복은 전적으로 우리의 생각에 달려 있다.

5 **Never** bend your head. Always hold it high. Look the world straight in the eye. *- Helen Keller*

절대 고개를 숙이지 마라. 항상 높이 들고, 세상을 똑바로 바라보라.

6 If you **really** look **closely**, most overnight successes took a long time. *- Steve Jobs*

자세히 들여다보면, 대부분의 단번에 이루어진 성공은 오랜 시간이 걸린 것이다.

[에피소드]

이 명언은 그가 애플을 창업하고, 그 후에 겪은 좌절과 복귀 과정을 염두에 둔 말입니다. 'Steve Jobs'는 애플에서 쫓겨난 후에도 NeXT와 픽사를 설립하며 끊임없이 도전했습니다. 그의 성공은 단번에 이루어진 것이 아니라 오랜 시간과 끊임없는 노력의 결과였습니다. 그의 경험은 그가 했던 이 명언을 잘 보여줍니다. Jobs는 사람들이 그의 성공을 단번에 이루어진 것으로 보겠지만, 사실 그 과정에는 오랜 인내와 헌신이 있었음을 강조하고 있습니다. 이 에피소드는 성공이 한 순간에 이루어지는 것이 아니라, 오랜 시간과 노력이 필요하다는 것을 우리에게 상기시켜 줍니다. Jobs의 삶과 그의 명언은 지금도 많은 사람들에게 영감을 주고 있습니다.

---

softly: 부드럽게 stick: 막대기 far: 멀리 quietly: 조용히 silently: 조용히 patiently: 인내심 있게 endure: 견디다 suffer: 고통받다 wait: 기다리다 always: 항상 control: 통제하다 inside: 내부 rightly: 올바르게 esteem: 존중하다 entirely: 전적으로 depend: 달려있다 never: 결코 bend: 구부리다 really: 정말로 closely: 자세히 overnight: 하룻밤 사이에

UNIT 04 혼동하기 쉬운 형용사와 부사

형용사와 부사의 형태가 같은 경우에는 '-ly'를 붙인 경우에는 다른 뜻으로 바뀌게 된다. 따라서 다음에 나오는 형용사와 부사들은 혼동하지 않도록 주의해야한다.

high(형)높은, (부)높게 / highly(부)매우
late(형)늦은, (부)늦게 / lately(부)최근에
near(형)가까운, (부)가까이 / nearly(부)거의
deep(형)깊은, (부)깊이 / deeply(부)매우
close(형)가까운, (부)가까이 / closely(부)자세히
hard(형)단단한, 어려운 (부)열심히, 세게 / hardly(부)거의~않는
short(형)짧은, (부)짧게 / shortly(부)곧, 즉시
right(형)옳은, (부)정확히 / rightly(부) 정당하게, 올바르게

Aim **high**, and you may hit the mark.

- George Washington

높게 목표를 잡아라, 그러면 목표를 맞출 수도 있다.

1. I am **highly** impressed by your dedication.   - Jane Goodall
당신의 헌신에 매우 감명받았다.

2. Work **hard**, and success will follow.   - Thomas Edison
열심히 일하면 성공이 따라올 것이다.

3. In quiet moments, we think **deeply** about life's mysteries.
- Albert Einstein
조용한 순간에 우리는 삶의 신비에 대해 깊이 생각한다.

4. Stay **close** to those who uplift you.   - Oprah Winfrey
당신을 북돋아주는 사람들과 가까이 지내라.

5   Examine the details closely to understand the big picture.
									- Leonardo da Vinci

큰 그림을 이해하려면 세부 사항을 면밀히 조사하라.

6   Lately, I've realized that true strength comes from within.
									- Maya Angelou

최근에, 진정한 힘은 내면에서 나온다는 것을 깨달았다.

[에피소드]

이 명언을 말한 '마야 안젤루'는 미국의 시인이자 작가, 그리고 활동가로, 그녀의 삶은 많은 어려움과 고난을 극복하는 과정이었습니다. 어린 시절 성폭행과 인종 차별, 가난 등 여러 힘든 상황을 겪었지만, 마야는 자신의 내면에서 힘을 발견하고 이를 바탕으로 작가로서, 그리고 인권 운동가로서 큰 성취를 이루었습니다. 그녀의 작품은 많은 사람들에게 영감과 희망을 주었으며, 특히 그녀의 자서전 "I Know Why the Caged Bird Sings"는 그녀의 어려운 유년 시절을 회상하며 자신의 정체성과 힘을 찾는 과정을 담고 있습니다. 이 명언은 그녀가 내면의 강인함을 발견하고, 그로 인해 삶의 도전을 극복할 수 있었던 경험에서 우러나온 말입니다.

안젤루는 그녀의 내면의 힘을 통해 끊임없이 자신을 발전시키고 세상에 긍정적인 영향을 미쳤으며, 이 명언은 우리가 마주하는 많은 어려움 속에서도 진정한 힘은 우리 안에 있으며, 그 힘을 통해 우리는 더 나은 사람으로 성장할 수 있다는 그녀가 모든 사람들에게 전달하고 싶었던 메시지를 잘 담고 있습니다.

---

high: 높은 mark: 목표 highly: 매우 impressed: 감명받은 dedication: 헌신 hard: 열심히 follow: 따르다 quiet: 조용한 deeply: 깊이 mystery: 신비 close: 가까운 uplift: 북돋우다 closely: 면밀히 examine: 조사하다 detail: 세부사항 lately: 최근에 realize: 깨닫다 strength: 힘 within: 내면에서

확인테스트

A 다음 중 괄호 안에서 알맞은 것을 고르시오.

1. (Little, A little) knowledge is a dangerous thing.
   약간의 지식은 위험한 것이다.

2. Speak (soft, softly) and carry a big stick; you will go far.
   부드럽게 말하고 큰 막대기를 들고 가라; 당신은 멀리 갈 것이다.

3. (Late, Lately), I've realized that true strength comes from within.
   최근에, 진정한 힘은 내면에서 나온다는 것을 깨달았습니다.

4. (Many, Much) effort, (many, much) prosperity.
   많은 노력, 많은 번영을 가져온다.

B 다음 중 해석에 맞게 틀린 부분을 바르게 고치시오

1. 행복한 영혼은 잔인한 세상에 대한 최고의 방패입니다.
   A happily soul is the best shield for a cruel world.
   _____ → _____

2. 많은 손이 일을 가볍게 만든다.
   Much hands make light work.
   _____ → _____

3. 높게 목표를 잡아라, 그러면 목표를 맞출 수도 있다.
   Aim highly, and you may hit the mark.
   _____ → _____

4. 행복은 전적으로 우리의 생각에 달려 있다.
   Happiness depends entire upon our thoughts.
   _____ → _____

A 1. A little 2. softly 3. Lately 4. Much, much
B 1. happily, happy 2. Much, Many 3. highly, high 4. entire, entirely

Review

01 형용사

1) 명사나 대명사의 성질, 상태, 크기, 모양, 색깔 등을 묘사하거나 수식하는 단어이다.
2) 주로 명사 앞이나 뒤에 위치하여 그 명사가 어떠한 특성을 가지고 있는지 설명해 준다.
3) 서술적 용법으로 보어 역할을 해준다.

02 수량 형용사

1) 수량 형용사는 명사 앞에 위치하여 명사의 양이나 수량을 나타내는 형용사이다.
2) 셀 수 있는 명사 앞에서는 주로 many, few, several 등의 형용사를 사용한다.
3) 셀 수 없는 명사 앞에서는 much, little 등의 형용사를 사용한다.

03 부사

1) 부사는 동사, 형용사, 다른 부사, 또는 문장 전체를 수식하여 그 의미를 보충해 준다.
2) 주로 "어떻게," "언제," "어디서," "얼마나"와 같은 질문에 답한다.
3) 행동의 방식, 시간, 장소, 빈도, 정도 등을 나타낸다.

04 혼동하기 쉬운 형용사와 부사

주의해야 할 형용사와 부사들
high(형)높은, (부)높게 / highly(부)매우
late(형)늦은, (부)늦게 / lately(부)최근에
near(형)가까운, (부)가까이 / nearly(부)거의
deep(형)깊은, (부)깊이 / deeply(부)매우
close(형)가까운, (부)가까이 / closely(부)자세히
hard(형)단단한, 어려운 (부)열심히, 세게 / hardly(부)거의~않는
short(형)짧은, (부)짧게 / shortly(부)곧, 즉시
right(형)옳은, (부)정확히 / rightly(부) 정당하게, 올바르게

명문법 - 명언으로 배우는 영문법

CHAPTER
06

시제

동작이나 행동의 시점을 나타내는 것을 '시제'라고 한다.
지금 일어나는 일이면 '현재',
이미 지나간 일이면 '과거',
그리고 앞으로 일어날 일이면 '미래'라고 한다.

문장에서 '과거, 현재, 미래'의 시제를 나타내 주는 것은 바로 '동사'로서,
'동사'를 사용할 때 '시제'에 맞게 변화시키면 된다.

UNIT 01 현재시제

현재시제는 현재 일어나고 있는 일이나 상태, 반복적으로 일어나는 일, 또는 일반적인 진리나 사실을 표현할 때 사용됩니다. 주어에 따라 동사의 형태가 달라지며, 3인칭 단수 주어의 경우 동사에 's'나 'es'가 붙습니다. 현재시제는 일상생활에서 자주 사용되며, 명확한 시간 표현 없이 일반적으로 진리를 나타낼 때도 사용됩니다.

Every moment **is** a fresh beginning.   - *T.S. Eliot*
모든 순간은 새로운 시작이다.

1 What we **think**, we **become**.   - *Buddha*
   우리가 생각하는 것이 우리가 된다.

2 Peace **begins** with a smile.   - *Mother Teresa*
   평화는 미소로 시작된다.

3 Change **is** the law of life, and those who **look** only to the past or present **are** certain to miss the future.   - *John F. Kennedy*
   변화는 삶의 법칙이며, 과거나 현재만을 보는 사람들은 미래를 놓치게 된다.

4 Education **is** not preparation for life; education **is** life itself.
   - *John Dewey*
   교육은 삶을 위한 준비가 아니다; 교육 자체가 삶이다.

5 Wisdom **begins** in wonder.   - *Socrates*
   지혜는 경이로움에서 시작된다.

6   The Earth does not belong to us: we belong to the Earth.

- Marlee Matlin

지구는 우리의 것이 아니다. 우리는 지구의 일부이다.

[에피소드]

이 명언은 '마리 매틀린'이라는 청각 장애를 가진 미국의 배우가 한 말입니다. 이 명언은 우리가 지구를 소유하는 것이 아니라, 우리가 지구의 일부로서 그 안에 속해 있다는 중요한 메시지를 전달합니다. 마리 매틀린은 환경 보호와 인권 문제에 대한 강력한 목소리를 내왔으며, 이 명언은 그녀의 이러한 신념을 잘 반영합니다. 그녀의 삶과 활동은 많은 사람들에게 영감을 주었으며, 특히 장애를 극복하고 사회적 정의를 위해 싸우는 이들에게 큰 힘이 되어 왔습니다. 이 명언은 우리에게 자연과 조화를 이루며 살아가는 것의 중요성을 일깨워줍니다.

---

fresh: 새로운 beginning: 시작 think: 생각하다 become: 되다 peace: 평화 begin: 시작하다
smile: 미소 change: 변화 law: 법칙 look: 보다 certain: 확실한 miss: 놓치다 education: 교육
preparation: 준비 wisdom: 지혜 wonder: 경이로움 belong: ~의 것이다 earth: 지구

UNIT 02 과거시제

과거시제는 과거에 일어난 일이나 상태를 나타낼 때 사용하는 시제입니다. 영어에서 과거시제는 일반적으로 동사에 "-ed"를 붙여 표현하며, 불규칙 동사는 별도의 과거형을 가집니다. 과거시제는 특정한 시점에서 발생한 사건이나 일정 기간 동안 지속된 상황을 설명하는 데 사용됩니다.

In the end, we only regret the chances we **didn't take**.
- *Lewis Carroll*

결국 우리가 후회하는 것은 우리가 하지 않은 기회들이다.

1. Life **moved** forward. The past **was** gone.   - *Maya Angelou*
   인생은 전진했다. 과거는 사라졌다.

2. I never **dreamed** about success, I **worked** for it.
   - *Estée Lauder*
   나는 성공에 대해 꿈꾸지 않았다, 나는 그것을 위해 일했다.

3. The darkest hours of our lives often **taught** us the most valuable lessons.   - *Steve Maraboli*
   우리 삶의 가장 어두운 시간들이 종종 가장 귀중한 교훈을 가르쳐 주었다.

4. The only time I ever **enjoyed** ironing was the day I accidentally **got** gin on my iron.   - *Phyllis Diller*
   내가 다림질을 즐겼던 유일한 때는 실수로 다리미에 진을 묻혔던 날이었다.

5. Success usually **came** to those who **were** too busy to be looking for it.   - *Henry David Thoreau*
   성공은 보통 그것을 찾느라 너무 바빴던 사람들에게 찾아왔다.

6 I saw the angel in the marble and carved until I set him free.
- *Michelangelo*

나는 대리석 속에서 천사를 보았고, 그를 자유롭게 할 때까지 조각했다.

[에피소드]

이 명언은 '미켈란젤로'가 자신의 조각 작품인 '다비드'를 만들 때의 일화에서 비롯되었습니다. 미켈란젤로는 피렌체 대성당을 위해 커다란 대리석 덩어리에서 '다비드'상을 조각하는 임무를 맡았습니다. 이 대리석은 이미 다른 예술가들이 시도했다가 실패한 작품으로, 작업하기에 어려운 것으로 여겨졌습니다. 그러나 미켈란젤로는 이 대리석 덩어리에서 '다비드'를 보았고, 마치 그 안에 갇혀 있는 천사를 해방시키는 것처럼 조각해냈습니다.

미켈란젤로의 이 명언을 통해서 예술적 비전과 창의력을 표현했으며, 그의 작품을 통해 진정한 아름다움을 발견하고 그것을 현실로 만드는 과정을 잘 표현하고 있습니다.

---

regret: 후회하다 take: 잡다 move: 움직이다 forward: 앞으로 dream: 꿈꾸다 work: 일하다 teach: 가르치다 valuable: 귀중한 lesson: 교훈 enjoy: 즐기다 iron: 다리미 get: 얻다 come: 오다 busy: 바쁜 see: 보다 carve: 조각하다 set free: 자유롭게 하다

UNIT 03 미래시제

미래시제는 앞으로 일어날 일을 표현하는 시제입니다. 영어에서는 미래를 나타내기 위해 주로 "will"이나 "be going to"를 사용하며, 이를 통해 미래의 계획, 예측, 의도 등을 나타낼 수 있습니다. 예를 들어, "I will go to the grocery tomorrow."는 "내일 식료품점에 갈 것이다."라는 뜻으로, 미래에 일어날 행동을 나타냅니다.

You will never win if you never begin.
- Helen Rowland

시작하지 않으면 절대 이길 수 없다.

1. The only thing we know about the future is that it will be different.   - Peter Drucker
미래에 대해 우리가 아는 유일한 것은 그것이 다를 것이라는 것이다.

2. We are going to face challenges, we've got the skills, the judgment, and most importantly, the passion.   - Tim Cook
우리는 도전을 맞이할 것이며, 우리는 기술, 판단력, 그리고 무엇보다 중요한 열정을 가지고 있다.

3. You will face many defeats in life, but never let yourself be defeated.   - Maya Angelou
당신은 인생에서 많은 패배를 겪겠지만, 결코 자신을 패배시키지 마라.

4. I am going to make everything around me beautiful - that will be my life.   - Elsie de Wolfe
나는 내 주변의 모든 것을 아름답게 만들 것이다 - 그것이 내 인생이 될 것이다.

5 I'm not going to let school get in the way of my child's education.
   - Mitch Joel

   나는 학교가 내 아이의 교육을 방해하게 하지 않을 것이다.

6 I will prepare and someday my chance will come.
   - Abraham Lincoln

   나는 준비할 것이며 언젠가 내 기회가 올 것이다.

[에피소드]

이 명언은 '링컨'이 어려운 시기를 겪으면서도 결코 포기하지 않고 자신을 끊임없이 준비시키며 언젠가 다가올 기회를 기다렸던 그의 결단력을 잘 보여줍니다. 링컨은 여러 번의 선거에서 패배했지만, 그는 실패를 좌절로 받아들이지 않고 오히려 자신을 갈고 닦는 기회로 삼았습니다. 결국 그는 1860년에 미국 대통령으로 당선되었으며, 그의 리더십은 미국 역사에 큰 영향을 미쳤습니다. 링컨의 이 말은 준비의 중요성과 끈기 있게 기회를 기다리는 자세를 강조하며, 그의 인생 자체가 이 명언의 증거가 되었습니다.

---

win: 이기다 begin: 시작하다 future: 미래 different: 다른 face: 맞이하다 challenge: 도전 skill: 기술 judgment: 판단력 passion: 열정 defeat: 패배 make: 만들다 beautiful: 아름다운 let: ~하게 하다 get in the way: 방해하다 education: 교육 prepare: 준비하다 chance: 기회 come: 오다

UNIT 04 진행시제

진행시제는 동작이나 상태가 현재, 과거, 또는 미래에 일어나고 있거나 지속되고 있음을 나타낼 때 사용됩니다. 현재진행형(예: am/is/are + 동사+ing)은 지금 이 순간에 일어나는 일을, 과거진행형(예: was/were + 동사+ing)은 과거의 특정 시점에 일어나고 있던 일을, 미래진행형(예: will be + 동사+ing)은 미래의 특정 시점에 일어날 일을 나타냅니다. 진행시제는 동작이 계속되고 있음을 강조합니다.

Life is what happens while you **are making** other plans.
— Allen Saunders

인생은 당신이 다른 계획을 세우고 있는 동안 일어나는 일이다.

1. You **are becoming** what you repeatedly do. — Aristotle
   당신은 반복적으로 하는 일이 되어가고 있다.

2. You **are** never really **living** unless you **are striving** for something greater than yourself. — John C. Maxwell
   자신보다 더 큰 무언가를 위해 노력하지 않는다면, 당신은 결코 진정으로 살고 있는 것이 아니다.

3. I **am learning** to trust the journey even when I do not understand it. — Mila Bron
   나는 여정을 신뢰하는 법을 배우고 있다, 그것을 이해하지 못할 때조차도.

4. You **are noticing** your own strength as you face challenges. — Brené Brown
   당신은 도전에 직면하면서 자신의 힘을 알아차리고 있다.

5. Success **is walking** from failure to failure with no loss of enthusiasm. — *Winston Churchill*

성공은 열정을 잃지 않고 실패에서 실패로 나아가는 것이다.

6. We **are** all **dreaming** of some magical rose garden over the horizon instead of enjoying the roses blooming outside our windows today. — *Dale Carnegie*

우리는 모두 지평선 너머의 마법 같은 장미 정원을 꿈꾸고 있지만, 오늘 창문 밖에서 피어나는 장미를 즐기지 않고 있다.

[에피소드]

'Dale Carnegie'는 이 명언을 그의 저서 "How to Stop Worrying and Start Living"에서 실제 경험을 바탕으로 언급했습니다. 그는 한 사업가를 상담하던 중 이 통찰을 얻었다고 합니다. 그 사업가는 더 큰 성공을 위해 현재의 삶을 희생하며 살았는데, 어느 날 심각한 건강 문제로 인해 그동안 놓쳐온 일상의 소소한 행복들의 가치를 깨달았다고 합니다. Carnegie는 이 경험을 통해 많은 사람들이 '언젠가', '나중에'라는 미래의 행복을 위해 현재의 행복을 놓치고 있다는 것을 깨달았고, 이를 장미 정원에 비유하여 표현했습니다. 이 명언은 현재의 순간을 소중히 여기고 감사하며 살아가는 것의 중요성을 강조합니다.

---

make: 만들다 plan: 계획 become: 되다 repeatedly: 반복적으로 live: 살다 strive: 노력하다
learn: 배우다 trust: 신뢰하다 journey: 여정 understand: 이해하다 notice: 알아차리다
strength: 힘 face: 직면하다 walk: 걷다 failure: 실패 enthusiasm: 열정 dream: 꿈꾸다 magical: 마법같은 horizon: 지평선 enjoy: 즐기다 bloom: 피어나다

확인테스트

A 다음 중 괄호 안에서 알맞은 것을 고르시오.

1. Every moment (is, be, will be) a fresh beginning.
   모든 순간은 새로운 시작이다.

2. I (prepare, will prepare) and someday my chance (come, will come).
   나는 준비할 것이며 언젠가 내 기회가 올 것이다.

3. You (are becoming, will becoming) what you repeatedly do. - Aristotle
   당신은 반복적으로 하는 일이 되어가고 있습니다.

4. In the end, we only regret the chances we (don't, didn't) take. - Lewis Carroll
   결국 우리가 후회하는 것은 우리가 하지 않은 기회들이다.

B 다음 중 해석에 맞게 틀린 부분을 바르게 고치시오

1. 인생은 전진했다. 과거는 사라졌다.
   Life move forward. The past was gone.
   _____ → _____

2. 지구는 우리의 것이 아닙니다. 우리는 지구의 일부입니다.
   The Earth does not belong to us: we will belong to the Earth.
   _____ → _____

3. 당신은 도전에 직면하면서 자신의 힘을 알아차리고 있습니다.
   You are noticie your own strength as you face challenges.
   _____ → _____

4. 나는 대리석 속에서 천사를 보았고, 그를 자유롭게 할 때까지 조각했습니다.
   I see the angel in the marble and carved until I set him free.
   _____ → _____

A 1. is   2. will prepare, will come   3. are becoming   4. didn't
B 1. move, moved   2. will belong, belong   3. notice, noticing   4. see, saw

Review

01 현재시제

1) 현재 일어나고 있는 일이나 상태, 반복적으로 일어나는 일, 또는 일반적인 진리나 사실을 표현할 때 사용된다.
2) 주어에 따라 동사의 형태가 달라지며, 3인칭 단수 주어의 경우 동사에 's'나 'es'가 붙는다.
3) 현재시제는 일상생활에서 자주 사용되며, 명확한 시간 표현 없이 일반적으로 진리를 나타낼 때도 사용된다.

02 과거시제

1) 과거시제는 과거에 일어난 일이나 상태를 나타낼 때 사용하는 시제이다.
2) 일반적으로 동사에 "-ed"를 붙여 표현하며, 불규칙 동사는 별도의 과거형을 가진다.
3) 과거시제는 특정한 시점에서 발생한 사건이나 일정 기간 동안 지속된 상황을 설명하는 데 사용된다.

03 미래시제

1) 미래시제는 앞으로 일어날 일을 표현하는 시제이다.
2) 미래를 나타내기 위해 주로 "will"이나 "be going to"를 사용한다.

04 진행시제

1) 동작이나 상태가 현재, 과거, 또는 미래에 일어나고 있음을 나타낼 때 사용된다.
2) 현재진행형(예: am/is/are + 동사+ing)은 지금 이 순간에 일어나는 일이다.
3) 과거진행형(예: was/were + 동사+ing)은 과거의 특정 시점에 일어나고 있던 일이다.
4) 미래진행형(예: will be + 동사+ing)은 미래의 특정 시점에 일어날 일을 나타낸다.

명문법 - 명언으로 배우는 영문법

CHAPTER 07

의문사

궁금한 서을 자세히 알고 싶을 때 물어 보는 품사가 '의문사'이다.
이런 '의문사'로 시작하는 문장은 '예, 아니오'로 대답하지 않는다.
구체적인 상황을 알고 싶을 때 사용하는 품사이다.

UNIT 01 의문대명사

의문대명사는 질문을 할 때 사용되는 대명사로, 주로 'who, whom, whose, what, which' 등이 있습니다. 이들은 질문하는 대상의 사람, 사물, 소유 등을 나타내기 위해 사용됩니다. 예를 들어, "Who are you?"에서 who는 사람을, "What is this?"에서 what은 사물을 묻는 데 사용됩니다.

What's the point of having great knowledge and keeping it to yourself?
— *Tim Fargo*

훌륭한 지식을 가지고 있으면서 혼자만 간직하는 것이 무슨 의미가 있는가?

---

1. **Whom** should we honor most? Those who are true to themselves.
— *Socrates*

   우리가 가장 존경해야 할 사람은 누구인가? 자기 자신에게 진실한 사람들이다.

2. **Who** in the world am I? Ah, that's the great puzzle.
— *Lewis Carroll*

   나는 세상에서 누구인가? 아, 그것이 큰 수수께끼다.

3. **Which** is more useful, the sun or the moon? The moon, for it shines at night when light is needed. — *Oscar Wilde*

   태양과 달 중 어느 것이 더 유용한가? 달이다, 빛이 필요한 밤에 비추기 때문이다.

4. **What** greater gift than the love of a cat? — *Charles Dickens*

   고양이의 사랑보다 더 큰 선물이 있을까?

5. **Which** of us is happy in this world? **Who** has not been misled?
— *William Makepeace Thackeray*

   우리 중 누가 이 세상에서 행복한가? 누가 잘못 인도되지 않았던가?

6 **Who** decided that the pig is an unacceptable gift and the diamond is acceptable? I want a pig. *- Maurice Sendak*

돼지는 받아들일 수 없는 선물이고 다이아몬드는 받아들일 수 있는 선물로 누가 정했나? 나는 돼지를 원한다.

[에피소드]

'Maurice Sendak'은 어린이 문학의 거장으로, '야수들이 사는 곳(Where the Wild Things Are)'의 작가입니다. 그는 평생 물질주의적 가치관에 반대하는 입장을 보였는데, 이 명언은 그의 80세 생일 즈음에 한 인터뷰에서 나온 것입니다.
당시 그는 어린이 책 작가로서 받은 많은 선물들 중에서 한 어린 독자가 보내준 장난감 돼지 인형을 가장 소중히 여겼다고 합니다.
그 돼지 인형은 비록 값비싼 선물은 아니었지만, 순수한 어린이의 마음이 담겨있었기 때문이었죠. 이러한 경험을 바탕으로 그는 사회가 정한 '가치 있는 선물'의 기준에 대해 의문을 제기하며 이 유명한 말을 남겼다고 합니다.

---

point: 의미, 요점 Knowledge: 지식 honor: 존경하다 true: 진실한 puzzle: 수수께끼 useful: 유용한 sun: 태양 moon: 달 shine: 비추다 light: 빛 gift: 선물 love: 사랑 happy: 행복한 mislead: 잘못 인도하다 unacceptable: 받아들일 수 없는 acceptable: 받아들일 수 있는 diamond: 다이아몬드

UNIT 02 의문형용사

의문형용사는 명사 앞에 위치해 그 명사에 대한 정보를 물을 때 사용되는 형용사입니다. 주요 의문형용사에는 "what," "which," "whose"가 있으며, 각각 "무엇," "어느," "누구의"와 같은 의미를 나타냅니다. 예를 들어, "Which book is yours?"는 "어느 책이 당신의 것인가요?"라는 의미로, 의문형용사 "which"가 명사 "book"을 수식합니다.

What kind of impact do you want to leave on the world?
　　　　　　　　　　　　　　　　　　　　　　- Jane Goodall

당신은 세상에 어떤 영향을 남기고 싶습니까?

1　Whose life are you living? Make sure it's your own.
　　　　　　　　　　　　　　　　　　　　　　- Eleanor Roosevelt

당신은 누구의 삶을 살고 있나요? 그것이 당신 자신의 삶인지 확인하세요.

2　Which path you choose matters less than the direction you take.
　　　　　　　　　　　　　　　　　　　　　　- Zig Ziglar

어떤 길을 선택하느냐는 당신이 가는 방향만큼 중요하지 않다.

3　Whose opinions really matter to you?　　- Marie Forleo

누구의 의견이 정말로 당신에게 중요한가?

4　Which dreams are worth chasing? The ones that make you forget to eat.
　　　　　　　　　　　　　　　　　　　　　　- T.F. Hodge

어떤 꿈을 쫓을 가치가 있을까? 당신이 먹는 것을 잊게 만드는 꿈들이다.

5 **Whose** voice is the loudest in your life? Make sure it's your own.
- *Oprah Winfrey*

당신의 삶에서 가장 큰 목소리는 누구의 목소리인가? 그것이 당신 자신의 목소리인지 확인하라.

6 **What** great thing would you attempt if you knew you could not fail?
- *Robert H. Schuller*

실패할 수 없다면 어떤 위대한 일을 시도할 것인가?

[에피소드]

이 명언은 미국의 목사이자 저술가인 '로버트 H. 슐러'가 자주 강조했던 긍정적 사고와 도전 정신을 반영합니다. 슐러는 자신의 설교와 저서에서 사람들에게 실패에 대한 두려움을 극복하고, 자신의 꿈을 쫓아 위대한 일을 시도하도록 격려했습니다. 이 질문은 청중들에게 현실의 한계를 초월하는 꿈을 꾸고, 자신감을 가지고 도전하도록 영감을 주기 위한 것이었습니다. 이 명언은 많은 사람들에게 용기를 북돋아주며, 특히 꿈을 이루기 위해 한계를 뛰어넘고자 하는 사람들에게 깊은 인상을 남겼습니다.

---

impact: 영향 leave: 남기다 world: 세상 life: 삶 make sure: 확실히 하다 path: 길 choose: 선택하다 direction: 방향 opinion: 의견 matter: 중요하다 dream: 꿈 worth: 가치 있는 chase: 쫓다 forget: 잊다 voice: 목소리 loud: 큰 great: 위대한 attempt: 시도하다 fail: 실패하다

UNIT 03 의문부사

의문부사는 의문문에서 사용되며, 질문을 할 때 주로 사용되는 부사입니다. 대표적인 의문부사에는 when(언제), where(어디서), why(왜), how(어떻게) 등이 있습니다. 이러한 의문부사는 문장에서 시간, 장소, 이유, 방법 등을 묻는 역할을 하며, 주어와 동사 사이에 위치해 문장의 정보를 구체화적으로 전달합니다.

Why worry about the future when you can create it?
- *Peter Drucker*

미래에 대해 왜 걱정하는가, 당신이 그것을 창조할 수 있는데?

1. How can you achieve your dreams if you never take the first step?
   - *Tony Robbins*
   당신이 첫걸음을 떼지 않는다면 어떻게 꿈을 이룰 수 있겠는가?

2. When will you begin that long journey into yourself?
   - *Rumi*
   당신은 언제 자신 속으로의 긴 여정을 시작할 것인가?

3. How can you know where you're going if you don't know where you've been?
   - *Maya Angelou*
   자신이 어디에 있었는지 모른다면, 어디로 가고 있는지 어떻게 알 수 있겠는가?

4. Where do we find the strength to persevere?
   - *Nelson Mandela*
   우리는 어디에서 인내할 힘을 찾을까?

5. When will you learn that the only person you need to be better than is the person you were yesterday?
   - *Zig Ziglar*
   당신이 어제의 자신보다 더 나아져야 할 유일한 사람이라는 것을 언제 깨달을 것인가?

6 Why fit in when you were born to stand out?   - Dr. Seuss
왜 어울리려고 하는가, 당신은 두드러지기 위해 태어났는데?

[에피소드]

이 명언은 Dr. Seuss, 즉 '시어도어 가이젤(Theodor Seuss Geisel)'의 독특한 글쓰기 스타일과 삶의 철학을 보여줍니다. Dr. Seuss는 그의 독창적인 그림책들로 유명하며, 그가 쓴 많은 책들은 어린이들에게 자신만의 특별함을 소중히 여길 것을 권장합니다. 이 명언은 그의 책 중 하나인 "Happy Birthday to You!"에서 따온 것으로, 아이들에게 자신이 다른 사람들과 같아야 한다는 압박감을 느낄 필요가 없음을 상기시켜 줍니다. Dr. Seuss는 평생 동안 자신의 독창성과 창의력을 바탕으로 특별한 이야기를 만들어냈으며, 이 명언은 그가 아이들에게 전하려 했던 가장 중요한 메시지 중 하나입니다.

---

worry: 걱정하다 future: 미래 create: 창조하다 achieve: 이루다 dream: 꿈 step: 걸음 journey: 여정 begin: 시작하다 strength: 힘 persevere: 인내하다 learn: 배우다 better: 더 나은 stand out: 두드러지다 fit in: 어울리다

UNIT 04 간접의문문

간접의문문은 의문사가 포함된 문장이 다른 문장의 일부로 들어가면서, 의문문의 형태가 아닌 평서문 형태로 나타나는 문법 구조입니다. 예를 들어, "Where is he?"라는 직접 의문문이 "I wonder where he is."처럼 간접의문문으로 변환됩니다. 간접의문문에서는 주어와 동사의 순서가 바뀌지 않고, 의문사와 함께 주어-동사 순서가 그대로 유지되는 것이 특징입니다.

The key is not which road you take, but why you take it.
- John C. Maxwell

핵심은 당신이 어떤 길을 가느냐가 아니라, 왜 그 길을 가느냐이다.

1 The only limit to our realization of tomorrow will be our doubts about whether we can achieve it.   - Franklin D. Roosevelt
내일의 실현에 대한 유일한 한계는 우리가 그것을 이룰 수 있는지에 대한 의심일 것이다.

2 It is not about why things happen to us, but how we respond to them.   - Viktor Frankl
우리에게 왜 일이 일어나는지가 아니라, 우리가 어떻게 대응하는지가 중요하다.

3 It does not matter who you are or where you come from. The ability to triumph begins with you.   - Oprah Winfrey
당신이 누구인지 또는 어디에서 왔는지는 중요하지 않다. 승리의 능력은 당신으로부터 시작된다.

4 We may not know how strong we are until being strong is the only choice we have.   - Bob Marley
우리는 강해지는 것이 유일한 선택일 때까지 우리가 얼마나 강한지 알지 못할지도 모른다.

5\. The question is not **whether we will die**, but **how we will live**.
   - *Joan Borysenko*

   질문은 우리가 죽을 것인가가 아니라, 우리가 어떻게 살 것인가이다.

6\. Sometimes I wonder **when I stopped being a child** and became what I am now.
   - *Maya Angelou*

   때때로 나는 내가 언제 아이이기를 멈추고 지금의 내가 되었는지 궁금하다.

[에피소드]

이 명언은 'Maya Angelou'의 자전적 소설 "I Know Why the Caged Bird Sings(나는 왜 갇힌 새가 노래하는지 알아요)"와 깊은 관련이 있습니다. 어린 시절 인종 차별과 성폭력을 경험한 그녀는 8세에 심각한 트라우마로 인해 거의 5년 동안 말을 하지 않았습니다. 이 시기에 그녀는 책을 읽으며 자신을 위로했고, 문학은 그녀의 피난처가 되었습니다.

이후 그녀는 한 인터뷰에서 이 명언을 언급하며, 자신이 언제 그 침묵하는 어린아이에서 벗어나 시인이자 작가, 인권운동가가 되었는지 종종 생각한다고 말했습니다. 그녀에게 있어 어린 시절과 성인이 된 현재 사이의 경계는 매우 극적이었지만, 동시에 모호했습니다. 그녀는 자신의 과거의 상처를 치유하고 그것을 예술로 승화시키는 과정에서 이런 깊은 성찰을 하게 되었다고 합니다.

---

key: 핵심 road: 길 take: 취하다 limit: 한계 realization: 실현 doubt: 의심 achieve: 이룩하다 respond: 대응하다 triumph: 승리 ability: 능력 strong: 강한 choice: 선택 die: 죽다 live: 살다 sometimes: 때때로 wonder: 궁금하다

확인테스트

A 다음 중 괄호 안에서 알맞은 것을 고르시오.

1. (Who, What) kind of impact do you want to leave on the world?
   당신은 세상에 어떤 영향을 남기고 싶습니까?

2. (Who, Why, How) fit in when you were born to stand out?
   왜 어울리려고 하나요, 당신은 두드러지기 위해 태어났는데?

3. (Why, What, Whose) life are you living? Make sure it's your own.
   당신은 누구의 삶을 살고 있나요? 그것이 당신 자신의 삶인지 확인하세요.

4. (Where, When, Why) will you begin that long journey into yourself?
   당신은 언제 자신 속으로의 긴 여정을 시작할 것인가요?

B 다음 중 해석에 맞게 틀린 부분을 바르게 고치시오

1. 나는 세상에서 누구인가? 아, 그것이 큰 수수께끼다.
   Why in the world am I? Ah, that's the great puzzle.
   _____ → _____

2. 우리는 어디에서 인내할 힘을 찾습니까?
   When do we find the strength to persevere?
   _____ → _____

3. 미래에 대해 왜 걱정하나요, 당신이 그것을 창조할 수 있는데?
   How worry about the future when you can create it?
   _____ → _____

4. 누구의 의견이 정말로 당신에게 중요한가요?
   When opinions really matter to you?
   _____ → _____

A 1. What 2. Why 3. Whose 4. When
B 1. Why, Who 2. When, Where 3. How, Why 4. When, Whose

Review

01 의문대명사

1) 의문대명사는 질문을 할 때 사용되는 대명사로, 주로 'who, whom, whose, what, which' 등이 있다.
2) 질문하는 대상의 사람, 사물, 소유 등을 나타내기 위해 사용됩니다.
3) "Who are you?"에서 who는 사람을, "What is this?"에서 what은 사물을 묻는 데 사용된다.

02 의문형용사

1) 의문형용사는 명사 앞에 위치해 그 명사에 대한 정보를 물을 때 사용되는 형용사이다.
2) "what," "which," "whose"가 있으며, 각각 "무엇," "어느," "누구의"와 같은 의미를 나타낸다.
3) "Which book is yours?"는 "어느 책이 당신의 것인가요?"라는 의미로, 의문형용사 "which"가 명사 "book"을 수식한다.

03 의문부사

1) 의문부사는 의문문에서 사용되며, 질문을 할 때 주로 사용되는 부사이다.
2) when(언제), where(어디서), why(왜), how(어떻게) 등이 있다.
3) 의문부사는 문장에서 시간, 장소, 이유, 방법 등을 묻는 역할을 한다.

04 간접의문문

1) 의문사가 포함된 문장이 다른 문장의 일부로 들어가면서, 의문문의 형태가 아닌 평서문 형태로 나타나는 문법 구조이다.
2) 간접의문문에서는 주어와 동사의 순서가 바뀌지 않고, 의문사와 함께 주어-동사 순서가 그대로 유지되는 것이 특징이다.

명문법 - 명언으로 배우는 영문법

CHAPTER
08

조동사

> '~할 수 있다(가능)', '~할 것이다(미래)', '~하지 못한다(부정)…
> 위처럼 동사가 스스로 나타낼 수 없는 상황이 있다.
> 그런 상황에서 도움을 주는 '동사'를 '조동사'라고 부른다.
> 바로 '동사'를 도와주는 역할을 하는 것이다.

UNIT 01 will, Would

will과 would는 모두 미래를 나타내는 조동사입니다. will은 미래의 단순한 사실이나 의지를 표현하는 데 사용됩니다. 예를 들어, "I will go to the store."는 "나는 가게에 갈 것이다."라는 미래의 계획을 나타냅니다. would는 will의 과거형으로, 주로 가정법에서 사용되며, 과거의 습관, 공손한 요청 또는 현재 사실과 반대되는 가정을 표현할 때 사용됩니다. 예를 들어, "I would go to the store if I had time."는 "내가 시간이 있었다면 가게에 갔을 것이다."라는 뜻입니다.

Success **will come** and go, but integrity is forever.
- Amy Rees Anderson

성공은 오고 가지만, 정직함은 영원하다.

1   Truth **will** always **be** truth, regardless of lack of understanding, disbelief or ignorance.   - W. Clement Stone

진실은 이해 부족, 불신, 무지에 상관없이 언제나 진실일 것이다.

2   I cannot change the past, but I **will not let** it define who I am.
- Nick Vujicic

나는 과거를 바꿀 수는 없지만, 그것이 나를 정의하게 하지는 않을 것입니다.

3   Do not wait; the time **will** never **be** 'just right'. Start where you stand, and work with whatever tools you may have.
- George Herbert

기다리지 마세요; 시간은 결코 '딱 맞게' 오지 않습니다. 당신이 서 있는 곳에서 시작하고, 가진 도구로 일하세요.

4   He who would learn to fly one day must first learn to stand and walk and run and climb and dance; one cannot fly into flying.
    - *Friedrich Nietzsche*

언젠가 날고자 하는 자는 먼저 서고 걷고 달리고 오르고 춤추는 법을 배워야 한다; 단숨에 날 수는 없다.

5   If you will keep being your best right where you are, you will come into more favor, promotion, and opportunity.
    - *Joel Osteen*

당신이 있는 그 자리에서 계속 최선을 다한다면, 더 많은 호의, 승진, 그리고 기회를 얻게 될 것입니다.

6   The only way to do great work is to love what you do. If you haven't found it yet, keep looking. Don't settle. As with all matters of the heart, you will know when you find it.
    - *Steve Jobs*

훌륭한 일을 하는 유일한 방법은 당신이 하는 일을 사랑하는 것이다. 아직 찾지 못했다면 계속 찾아라. 만족하지 마라. 모든 마음의 문제와 마찬가지로, 당신이 그것을 찾았을 때 알게 될 것이다.

[에피소드]

이 명언은 '스티브 잡스'가 2005년 스탠포드 대학 졸업식에서 한 연설의 일부입니다. 스티브 잡스는 이 연설에서 자신이 대학을 중퇴하게 된 이야기와 애플을 창립하고 나서 해고되었던 경험을 나누며, 인생의 성공과 실패를 진솔하게 이야기했습니다. 특히 이 구절은 그가 젊은이들에게 자신의 열정을 찾고, 그 열정을 따라 삶을 살아야 한다는 메시지를 전하기 위해 강조한 부분입니다. 잡스는 열정을 찾는 과정에서 인내와 꾸준함이 필요하다는 점을 강조하며, 그것이야말로 진정한 성공을 이끄는 길임을 이야기했습니다. 이 연설은 많은 이들에게 큰 감동을 주었으며, 잡스의 철학과 인생관을 잘 보여주는 대표적인 예로 남아 있습니다.

success: 성공 integrity: 정직함 forever: 영원히 truth: 진실 regardless of: ~에도 불구하고 lack: 부족 understanding: 이해 disbelief: 불신 ignorance: 무지 change: 변화하다 define: 정의하다 wait: 기다리다 right: 적절한 stand: 서다 tool: 도구 learn: 배우다 fly: 날다 climb: 오르다 dance: 춤추다 keep: 계속하다 favor: 호의 promotion: 승진 opportunity: 기회 great work: 훌륭한 일 yet: 아직 settle: 타협하다 matter: 문제

UNIT 02 · can, could

조동사 can과 could는 능력, 가능성, 허락 등을 표현하는 데 사용됩니다. can은 현재 시제에서 누군가가 할 수 있는 능력이나 현재 가능한 상황을 나타낼 때 사용됩니다. 반면, could는 과거 시제에서의 능력이나 가능성을 나타내거나, 정중하게 요청하거나 제안할 때, 또는 현재나 미래에 대한 가능성을 약하게 표현할 때 사용됩니다.

Only I **can change** my life. No one **can do** it for me.
- *Carol Burnett*

내 삶을 바꿀 수 있는 사람은 오직 나 자신이다. 아무도 대신할 수 없다.

1. You **can do** anything, but not everything.   - *David Allen*
   당신은 무엇이든 할 수 있지만, 모든 것을 할 수 있는 것은 아니다.

2. You **can't use** up creativity. The more you use, the more you have.   - *Maya Angelou*
   창의성은 다 써버릴 수 없다. 더 많이 사용할수록, 더 많이 생긴다.

3. If you think you **can do** a thing or think you **can't do** a thing, you're right.   - *Henry Ford*
   당신이 할 수 있다고 생각하든, 할 수 없다고 생각하든, 당신은 옳다.

4. We **could** never **learn** to be brave and patient if there were only joy in the world.   - *Helen Keller*
   세상에 기쁨만 있었다면 우리는 용기와 인내를 배울 수 없었을 것이다.

5. You **can't go** back and change the beginning, but you **can start** where you are and change the ending.   - *C.S. Lewis*
   당신은 시작을 되돌려 바꿀 수는 없지만, 있는 자리에서 시작해 끝을 바꿀 수 있다.

6   Believe you can and you're halfway there.

- *Theodore Roosevelt*

할 수 있다고 믿어라, 그러면 당신은 이미 절반은 이룬 것이다.

[에피소드]

이 명언을 말한 'Roosevelt'는 평생 동안 많은 역경을 극복한 사람으로, 특히 어린 시절 천식과 싸우며 자랐습니다. 하지만 그는 체력을 기르고, 자신을 훈련시키며, 역경을 이겨내기 위해 끊임없이 노력했습니다. 이 과정에서 그는 자신이 할 수 있다고 믿는 것이 얼마나 중요한지를 깨달았고, 그 신념이 그를 미국의 26대 대통령으로 이끌었습니다. Roosevelt의 삶 자체가 이 명언의 강력한 증거이며, 그의 끈기와 신념이 다른 이들에게도 큰 영감을 주었습니다.

---

change: 바꾸다 life: 삶 anything: 무엇이든 everything: 모든 것 creativity: 창의성 use up: 다 써버리다 think: 생각하다 right: 옳은 brave: 용감한 patient: 인내심 있는 joy: 기쁨 beginning: 시작 ending: 끝 believe: 믿다 halfway: 절반

UNIT 03 may, might

조동사 may와 might는 가능성, 허가, 또는 추측을 표현하는 데 사용됩니다. may는 현재나 미래의 가능성을 나타내며, 종종 공손하게 허락을 구하거나 허락을 줄 때 사용됩니다. might는 may보다 낮은 가능성을 나타내며, 과거의 상황을 회상하거나 가정적 상황을 표현할 때도 사용됩니다.

Though we travel the world over to find the beautiful, we *may* find it in our own hearts.

- Ralph Waldo Emerson

아름다움을 찾아 전 세계를 여행할지라도, 우리는 그것을 우리 자신의 마음 속에서 발견할 수 있다.

1. You *might want* to feel sorry for yourself, but that's not going to help. — *Stephen King*

   스스로를 불쌍하게 여길 수는 있지만, 그것이 도움이 되지는 않을 것이다.

2. When I let go of what I am, I become what I *might be*. — *Laozi*

   내가 누구인지를 내려놓을 때, 나는 내가 될 수 있는 존재가 된다.

3. Don't let your happiness depend on something you *may lose*. — *C.S. Lewis*

   잃어버릴 수 있는 것에 당신의 행복이 의존하지 않도록 하라.

4. The more I see, the less I know for sure. But you *may say* I'm a dreamer. — *John Lennon*

   볼수록 확신하는 것이 적어집니다. 그러나 당신은 내가 몽상가라고 말할 수 있을 것이다.

5   Failure is not fatal, but failure to change **might be**.

- John Wooden

실패는 치명적이지 않지만, 변화를 하지 않는 것은 치명적일 수 있다.

6   I am not afraid of storms, for I am learning how to sail my ship. You **might encounter** many storms, but the key is to keep sailing.

- Louisa May Alcott

나는 폭풍우가 두렵지 않아요, 나는 내 배를 항해하는 방법을 배우고 있으니까요. 많은 폭풍우를 만날 수도 있지만, 중요한 것은 계속 항해하는 것입니다.

[에피소드]

이 명언은 그녀의 대표작 '작은 아씨들(Little Women)'에 등장하는 조(Jo)라는 캐릭터의 대사에서 영감을 받은 것입니다. 실제로 'Alcott'는 여성 작가로서 19세기에 많은 어려움을 겪었습니다. 당시 여성 작가들은 출판사들로부터 심각한 차별을 받았고, 그녀의 초기 작품들은 계속해서 거절당했습니다. 하지만 Alcott는 이러한 어려움을 자신의 '항해 기술을 배우는 과정'으로 여겼습니다. 그녀는 생계를 위해 가정교사, 간호사 등 여러 일을 하면서도 글쓰기를 포기하지 않았고, 결국 '작은 아씨들'이라는 걸작을 통해 큰 성공을 거두게 됩니다. 이 명언은 단순한 은유가 아니라, 그녀의 실제 삶의 경험이 깊이 반영된 것이었습니다. 이는 어려움을 피하지 않고 그것을 배움의 기회로 삼는 것의 중요성을 강조합니다.

---

reflection: 반영 passion: 열정 inside: 안에 feel sorry: 불쌍히 여기다 let go: 내려놓다 become: 되다 happiness: 행복 depend: 의존하다 lose: 잃다 dreamer: 몽상가 fatal: 치명적인 failure: 실패 change: 변화 afraid: 두려운 storm: 폭풍 sail: 항해하다 ship: 배 encounter: 마주치다

UNIT 04 must, should, ought to, had better

must는 강한 필요성이나 의무, 강제성을 나타내는 조동사입니다. 주로 규칙, 법, 강한 권고사항을 표현할 때 사용됩니다.
should는 권고, 조언, 또는 도덕적 의무를 나타내는 조동사입니다. must보다는 덜 강제적이지만 여전히 중요한 제안이나 권고를 표현합니다.
ought to는 should와 매우 유사한 의미를 가지며, 약간 더 공식적이고 도덕적인 뉘앙스를 가집니다.
had better는 강한 권고나 경고를 나타내는 표현으로, 특정 행동을 하지 않으면 좋지 않은 결과가 있을 것임을 암시합니다.

We **should** all do what we love, and do it with passion.
- Beyonce

우리 모두는 사랑하는 일을 하고, 그것을 열정적으로 해야 한다.

1. You **must** do the things you think you cannot do.
- Eleanor Roosevelt

당신이 할 수 없다고 생각하는 일들을 해내야 한다.

2. You **should** never regret anything in life. If it is good, it is wonderful. If it is bad, it is experience.
- Victoria Holt

인생에서 절대 후회해서는 안 된다. 좋은 일이면 그것은 놀라운 일이고, 나쁜 일이면 그것은 경험이다.

3. People **ought to** know that the world is too small for anything but truth and love.
- Gunnar Akedalh

사람들은 이 세상이 진실과 사랑 외에는 너무 작다는 것을 알아야 한다.

4. We **ought to** do good to others as simply as a horse sets its foot down.
   - Henry David Thoreau

   우리는 말이 발을 내딛듯이 단순하게 다른 이들에게 선을 베풀어야 한다.

5. You **had better** live your best and act your best and think your best today, for today is the sure preparation for tomorrow.
   - Oprah Winfrey

   오늘 최선을 다해 살고, 최선을 다해 행동하고, 최선을 다해 생각해야 합니다. 오늘이야말로 내일을 위한 확실한 준비이기 때문이다.

6. Leaders **had better** decide they are going to try to be remembered for something other than their titles or positions.
   - Warren Bennis

   지도자들은 자신의 직함이나 지위 외의 무언가로 기억되려 노력해야 할 것이다.

   [에피소드]

   '워렌 베니스'는 단순한 학자나 리더십 전문가를 넘어, 실제로 조직 문화와 리더십의 본질을 변화시킨 혁신가였습니다. 1990년대 하버드 경영대학원에서 강의하던 시기, 그는 전통적인 리더십 교육 방식에 의문을 제기하고 근본적인 변화를 시도했습니다.

   당시 대부분의 리더십 강의가 관리 기술과 조직론에 집중되어 있었지만, 베니스는 인간 중심의 감성적이고 철학적인 리더십 접근법을 주장했습니다. 그는 단순히 직위나 권력이 아니라 개인의 내면적 성장과 진정성이 진정한 리더십의 핵심이라고 믿었습니다.

   그의 이러한 혁신적인 접근은 많은 기업 리더들과 학자들에게 큰 영향을 미쳤습니다. 베니스는 자신의 직함이나 학문적 지위를 넘어, 리더십에 대한 근본적인 패러다임 변화를 이끌어냈고, 오늘날 많은 조직의 리더십 철학에 깊은 영향을 남겼습니다.

---

passion: 열정 regret: 후회하다 wonderful: 놀라운 experience: 경험 anything but: ~외에는 do good to: ~에게 선을 베풀다 set one's foot down: 발을 내딛다 one's best: 최선을 다해 act: 행동하다 preparation: 준비 other than: ~이외의 title: 직함 position: 지위

확인테스트

A 다음 중 괄호 안에서 알맞은 것을 고르시오.

1. Success (can, may, will) come and go, but integrity is forever.
   성공은 오고 가지만, 정직함은 영원하다.

2. You (may, will, must) do the things you think you cannot do.
   당신이 할 수 없다고 생각하는 일들을 해내야 한다.

3. Only I (can, may, will) change my life. No one (can, may, will) do it for me.
   내 삶을 바꿀 수 있는 사람은 오직 나 자신입니다. 아무도 대신할 수 없습니다.

4. We (would, should) all do what we love, and do it with passion.
   우리 모두는 사랑하는 일을 하고, 그것을 열정적으로 해야 한다.

B 다음 중 해석에 맞게 틀린 부분을 바르게 고치시오

1. 할 수 있다고 믿어라, 그러면 당신은 이미 절반은 이룬 것이다.
   Believe you will and you're halfway there.
   _____ → _____

2. 나는 과거를 바꿀 수는 없지만, 그것이 나를 정의하게 하지는 않을 것입니다.
   I cannot change the past, but I can not let it define who I am.
   _____ → _____

3. 당신이 할 수 없다고 생각하는 일들을 해내야 한다.
   You would do the things you think you cannot do.
   _____ → _____

4. 당신은 무엇이든 할 수 있지만, 모든 것을 할 수 있는 것은 아닙니다.
   You should do anything, but not everything.
   _____ → _____

A 1. will 2. must 3. can, can 4. should
B 1. will, can 2. can, will 3. should, can 4. would, must(should)

Review

01 will, would

1) will과 would는 모두 미래를 나타내는 조동사이다.
2) will은 미래의 단순한 사실이나 의지를 표현하는 데 사용된다.
3) would는 will의 과거형으로 과거의 습관, 공손한 요청 또는 현재 사실과 반대되는 가정을 표현할 때 사용된다.

02 can, could

1) can과 could는 능력, 가능성, 허락 등을 표현하는 데 사용된다.
2) 현재 시제에서 누군가가 할 수 있는 능력이나 현재 가능한 상황을 나타낼 때 사용된다.
3) could는 과거 시제에서의 능력이나 가능성을 나타낸 때 사용된다.

03 may, might

1) may와 might는 가능성, 허가, 또는 추측을 표현하는 데 사용된다.
2) may는 현재나 미래의 가능성을 나타내며, 종종 공손하게 허락을 구하거나 할 때 사용된다.
3) might는 may보다 낮은 가능성을 나타내며, 과거의 상황을 회상하거나 가정적 상황을 표현할 때도 사용된다.

04 must, should, ought to, had better

1) must는 강한 필요성이나 의무, 강제성을 나타내는 조동사로, 주로 규칙, 법, 강한 권고사항을 표현할 때 사용된다.
2) should는 권고, 조언, 또는 도덕적 의무를 나타내는 조동사로, must보다는 덜 강제적이지만 여전히 중요한 제안이나 권고를 표현한다.
3) ought to는 약간 더 공식적이고 도덕적인 뉘앙스를 가진다.
4) had better는 강한 권고나 경고를 나타내는 표현으로, 특정 행동을 하지 않으면 좋지 않은 결과가 있을 것임을 암시한다.

명문법 - 명언으로 배우는 영문법

CHAPTER 09

수동태

'능동적이다'는 누가 시키지 않아도 스스로 알아서 행동한다는 뜻이고,
'수동적이다'는 누군가에게 의해 시킴을 당한다는 뜻이다.
이렇게 '수동태'란
누군가의 행동을 받아서 움직여지는 동사의 형태를 일컫는다.
즉, '주어가 ~에 의해 ~되어지다'라는 의미를 갖게 된다.

UNIT 01 수동태란

수동태는 문장의 주어가 행동을 하는 사람이 아니라 그 행동을 당하는 대상이 되는 경우를 나타내는 표현입니다. 주어가 행동의 결과를 받는 역할을 하며, 주로 "be + 과거분사" 형태로 구성됩니다. 예를 들어, "The cookie was eaten by the children."에서 쿠키는 '먹힌' 것이므로, 수동태가 사용되었습니다.

The die is cast. － *Julius Caesar*

주사위는 던져졌다.

1. Wisdom is only found in truth. － *Johann Wolfgang von Goethe*
   지혜는 오직 진리 속에서 발견된다.

2. Libraries are not made, they grow. － *Augustine Birrell*
   도서관은 만들어지는 것이 아니라 성장하는 것이다.

3. What is done cannot be undone. － *William Shakespeare*
   이미 저지른 일은 되돌릴 수 없다.

4. Great ideas are often met with violent opposition from mediocre minds. － *Marcus Aurelius*
   위대한 아이디어는 종종 평범한 사고를 가진 이들의 격렬한 반대에 부딪힌다.

5. What is written without effort is in general read without pleasure. － *Samuel Johnson*
   노력 없이 쓰여진 것은 대체로 즐거움 없이 읽힌다.

6 History is written by the victors.　　　　　- *Winston Churchill*
역사는 승자에 의해 쓰인다.

[에피소드]

이 명언은 영국의 전 총리 '윈스턴 처칠(Winston Churchill)'이 자주 인용하던 말입니다. 제2차 세계 대전이 끝난 후, 처칠은 연합군의 승리를 이끌어낸 지도자로서 승자의 관점에서 역사를 서술하는 자리에 있었습니다. 이 명언은 그가 직접 남긴 기록이나 연설에서 유래한 것은 아니지만, 그의 역사관을 잘 반영합니다. 처칠은 역사가 객관적일 수 없다는 사실을 인식하고 있었으며, 승리한 자들이 자신들의 이익에 맞게 역사를 기록할 수밖에 없다는 현실을 경고하고 있었습니다. 이로 인해 역사의 해석은 언제나 주관적이며, 패배한 자들의 이야기는 종종 기록되지 않거나 왜곡되기 쉽다는 점을 지적한 것입니다. 오늘날까지도 이 명언은 다양한 분야에서 인용되며, 역사 해석의 중요성과 그 한계를 생각하게 만드는 중요한 교훈을 전달하고 있습니다.

cast: 던지다 die: 주사위 wisdom: 지혜 truth: 진리 library: 도서관 grow: 성장하다 undone: 되돌리다 idea: 아이디어 violent: 격렬한 opposition: 반대 mediocre: 평범한 mind: 마음/사고 effort: 노력 pleasure: 즐거움 victor: 승자

UNIT 02 수동태만들기 : 현재, 과거, 미래

수동태는 시제에 따라 현재, 과거, 미래 시제로 나뉩니다. 현재 시제의 수동태는 "am/is/are + 과거분사" 형태로, 현재 어떤 일이 진행 중이거나 일반적으로 행해질 때 사용됩니다. 과거 시제의 수동태는 "was/were + 과거분사" 형태로, 과거에 이미 완료된 일을 표현합니다. 미래 시제의 수동태는 "will be + 과거분사" 형태로, 미래에 어떤 일이 행해질 것임을 나타냅니다. 예를 들어, "The book is read."(책이 읽혀진다.), "The book was read."(책이 읽혀졌다.), "The book will be read."(책이 읽혀질 것이다.)와 같이 사용할 수 있습니다.

Books **are written**, but memories **are made**.
- C.S. Lewis

책은 쓰여지지만, 추억은 만들어진다.

1 A house **is built** by the community. - African Proverb
집은 공동체에 의해 지어진다.

2 The great wall **was built** by thousands of workers.
- Chinese Proverb
장대한 벽은 수천 명의 노동자에 의해 건설되었다.

3 A man **is known** by the company he keeps. - Aesop
사람은 그가 사귀는 사람들로 알려진다.

4 The curtain **was drawn**, and the play was over.
- François Rabelais
커튼이 내려지고, 연극은 끝났다.

5 The truth **will be told**, no matter how much it **is hidden**.
                                             - *Mahatma Gandhi*

아무리 숨겨져 있어도 진실은 밝혀질 것이다.

6 Rome **was not built** in a day.   - *John Heywood*

로마는 하루아침에 지어진 것이 아니다.

[에피소드]

이 명언은 인내와 지속적인 노력을 강조하는 말로, 흔히 어떤 일이 완성되기까지 시간이 필요하다는 교훈을 전달할 때 사용됩니다. 실제로, 로마 제국은 오랜 세월에 걸쳐 발전하고 확장되었으며, 그 과정에서 수많은 도전과 어려움을 극복해야 했습니다.

이 명언은 특히 장기적인 목표를 추구할 때 자주 인용됩니다. 현대의 예로, '스티브 잡스(Steve Jobs)'는 애플을 창립하고, 수많은 실패와 성공을 거치면서 결국 세계적인 기업으로 성장시켰습니다. 잡스가 그의 목표를 이루기 위해 걸린 시간과 노력을 생각해볼 때, "로마는 하루아침에 지어진 것이 아니다"라는 말이 잘 들어맞습니다. 이러한 맥락에서, 이 명언은 크고 중요한 성취를 이루기 위해서는 시간이 걸린다는 사실을 상기시켜 줍니다.

---

write: 쓰다 memory: 추억 make: 만들다 house: 집 build: 짓다 community: 공동체 wall: 벽 worker: 노동자 company: 교제/동료 keep: 유지하다 curtain: 커튼 draw: 당기다/내리다 play: 연극 truth: 진실 hide: 숨기다 Rome: 로마

UNIT 03 : 4형식과 5형식의 수동태

4형식의 수동태는 주로 두 개의 목적어(간접목적어와 직접목적어)가 있는 문장에서 사용됩니다. 이때 수동태는 간접목적어를 주어로 하여 "간접목적어 + be동사 + 과거분사 + 직접목적어"의 형태로 나타나며, 예를 들어 "They gave me a gift."는 수동태로 "I was given a gift."가 됩니다.

5형식의 수동태는 목적어와 목적보어가 있는 문장에서 사용됩니다. 수동태로 전환될 때는 목적어를 주어로 하여 "주어 + be동사 + 과거분사 + 목적보어"의 형태를 가지며, 예를 들어 "They made her the leader."는 수동태로 "She was made the leader."가 됩니다. 이때 목적보어는 주어의 상태를 설명하는 역할을 합니다.

I **was given** the greatest gift of all: the belief that I mattered.
— *Oprah Winfrey*

나는 가장 큰 선물을 받았다: 내가 중요한 존재라는 믿음.

1. The world **was shown** the power of unity during those times.
   — *John F. Kennedy*
   그 시기에 세계는 단결의 힘을 보게 되었다.

2. She **was handed** a life she didn't choose, but she chose how to live it.
   — *J.K. Rowling*
   그녀는 선택하지 않은 삶을 받았지만, 그 삶을 어떻게 살지는 그녀가 선택했다.

3. We **were offered** a chance to rebuild our lives, and we took it.
   — *Nelson Mandela*
   우리는 삶을 재건할 기회를 받았고, 그것을 받아들였다.

4 He was taught the importance of kindness from a young age.

- *Dalai Lama*

그는 어린 시절부터 친절의 중요성을 배웠다.

5 The project was deemed a success by everyone involved.

- *Steve Jobs*

그 프로젝트는 참여한 모든 사람들에 의해 성공으로 간주되었다.

6 He was found guilty of the charges brought against him.

- *Abraham Lincoln*

그는 그에게 제기된 혐의에 대해 유죄로 판결받았다.

[에피소드]

이 명언은 미국의 16대 대통령인 '에이브러햄 링컨(Abraham Lincoln)'의 재판과 관련된 것으로, 링컨의 법률가 경력을 반영합니다. 링컨은 대통령이 되기 전에 변호사로서 많은 법정에서 활약했습니다. 이 명언은 링컨이 직접적인 사건에서 한 말은 아니지만, 그의 법률적 경험과 그의 시대에 흔히 벌어졌던 법정에서의 판결을 상기시키는 말입니다.

링컨은 법치주의와 정의를 중시한 인물로, 그의 생애 동안 많은 사건들이 법정에서 처리되었습니다. 이 명언은 법정에서 내려지는 판결의 무게와 그 결과의 중요성을 강조하며, 특히 유죄 판결이 얼마나 심각한 영향을 미칠 수 있는지를 잘 보여줍니다. 이러한 명언은 오늘날에도 법과 정의의 중요성을 강조할 때 자주 인용되며, 특히 법적 책임과 결과를 생각하게 하는 데 사용됩니다.

---

gift: 선물 belief: 믿음 matter: 중요하다 unity: 단결 power: 힘 hand: 건네주다 choose: 선택하다 offer: 제공하다 chance: 기회 rebuild: 재건하다 teach: 가르치다 kindness: 친절 deem: 간주하다 success: 성공 involve: 참여하다 guilty: 유죄의 charge: 혐의

UNIT 04 수동태의 관용표현

수동태의 관용표현은 일반적인 문법 규칙에 따라 만들어지는 수동태 문장이 아니라, 특정한 의미나 쓰임새를 가지는 표현들입니다. 이러한 표현들은 주로 "be known as: ~로 알려지다, be made of: ~로 만들어지다, be made from: ~로 만들어지다, be interested in: ~에 관심이 있다, be covered with: ~로 덮여 있다, be filled with: ~로 가득 차 있다, be pleased with: ~에 만족하다, be satisfied with: ~에 만족하다"등과 같이 사용되며, 관용적으로 정해진 형태로 사용됩니다. 이러한 관용표현들은 문맥에 따라 의미가 다를 수 있으며, 일반적인 수동태 문장보다 더 고정된 의미를 가집니다.

We are made of star stuff.   - *Carl Sagan*

우리는 별의 물질로 만들어져 있다.

1 I am not interested in money. I just want to be wonderful.
- *Marilyn Monroe*

나는 돈에 관심이 없다. 나는 그저 멋진 사람이 되고 싶다.

2 Einstein is known as one of the greatest minds in history.
- *Isaac Asimov*

아인슈타인은 역사상 가장 위대한 지성 중 하나로 알려져 있다.

3 I am pleased with the progress we have made.
- *Franklin D. Roosevelt*

우리가 이룬 진전에 만족한다.

4 Success is made from small, consistent actions.
- *Tony Robbins*

성공은 작은 일관된 행동들로 이루어진다.

5   Be satisfied with what you have, but never with what you are.
                                                            - *Socrates*

당신이 가진 것에 만족하되, 당신이 어떤 사람인지에 대해서는 만족하지 마라.

6   The earth is covered with the footprints of those who dared to explore.
                                                            - *John F. Kennedy*

지구는 탐험할 용기를 낸 이들의 발자국으로 덮여 있다.

[에피소드]

이 명언은 '존 F. 케네디'가 인류의 도전 정신과 탐험의 중요성을 강조하며 남긴 말입니다. 케네디는 미국의 35대 대통령으로서, 특히 우주 탐험을 추진한 것으로 유명합니다. 1960년대 초, 그는 미국이 소련과의 우주 경쟁에서 앞서기 위해 인간을 달에 보내겠다는 야심 찬 목표를 설정했습니다. 이 발언은 아폴로 프로그램을 통해 달에 인간을 착륙시키려는 계획을 지지하면서, 인류가 끊임없이 미지의 영역을 탐구하고 새로운 한계를 넘어설 때마다 그 발자국이 역사에 깊이 새겨진다는 의미를 전달합니다.

케네디의 이러한 비전과 리더십은 결국 1969년 아폴로 11호의 성공적인 달 착륙으로 실현되었고, 이는 인류 역사상 가장 위대한 업적 중 하나로 남아 있습니다. 그의 이 명언은 도전과 탐험을 통해 진보를 이룩한 인류의 역사를 상기시키며, 오늘날까지도 많은 사람들에게 영감을 주고 있습니다.

---

star stuff: 별의 물질 greatest minds: 가장 위대한 지성 in history: 역사상 progress: 진전, 발전 have made: 이루었다 consistent: 일관된 what you have: 당신이 가진 것 footprint: 발자국 dared to: ~할 용기를 내다 explore: 탐험하다

확인테스트

A 다음 중 괄호 안에서 알맞은 것을 고르시오.

1. The die (cast, is cast).
   주사위는 던져졌다.

2. History is (wrote, written) by the victors.
   역사는 승자에 의해 쓰인다.

3. I am not interested (in, by) money. I just want to be wonderful.
   나는 돈에 관심이 없다. 나는 그저 멋진 사람이 되고 싶다.

4. Success (is, be, will) made from small, consistent actions.
   성공은 작은 일관된 행동들로 이루어진다.

B 다음 중 해석에 맞게 틀린 부분을 바르게 고치시오

1. 책은 쓰여지지만, 추억은 만들어진다.
   Books are written, but memories are making.
   _____ → _____

2. 로마는 하루아침에 지어진 것이 아니다.
   Rome was not build in a day.
   _____ → _____

3. 우리는 별의 물질로 만들어져 있다.
   We are made by star stuff.
   _____ → _____

4. 우리가 이룬 진전에 만족한다.
   I am pleased by the progress we have made.
   _____ → _____

A 1. is cast   2. written   3. in   4. is
B 1. making, made   2. build, built   3. by, of   4. by, with

Review

01 수동태란

1) 수동태는 문장의 주어가 행동을 당하는 대상이 되는 경우를 나타내는 표현이다.
2) 주어가 행동의 결과를 받는 역할을 하며, 주로 "be + 과거분사" 형태로 구성된다.

02 수동태만들기 : 현재, 과거, 미래

1) 수동태는 시제에 따라 현재, 과거, 미래 시제로 나뉜다.
2) 현재 시제의 수동태는 "am/is/are + 과거분사" 형태이다.
3) 과거 시제의 수동태는 "was/were + 과거분사" 형태이다.
4) 미래 시제의 수동태는 "will be + 과거분사" 형태이다.

03 4형식과 5형식의 수동태

1) 4형식의 수동태는 두 개의 목적어(간접목적어와 직접목적어)가 있는 문장에서 사용된다.
2) 주로 간접목적어를 주어로 하여 "간접목적어 + be동사 + 과거분사 + 직접목적어"의 형태로 나타낸다.
3) 5형식은 수동태로 전환될 때는 목적어를 주어로 하여 "주어 + be동사 + 과거분사 + 목적보어"의 형태를 가진다.

04 수동태의 관용표현

be known as: ~로 알려지다
be made of: ~로 만들어지다
be made from: ~로 만들어지다
be interested in: ~에 관심이 있다
be covered with: ~로 덮여 있다
be filled with: ~로 가득 차 있다
be pleased with: ~에 만족하다
be satisfied with: ~에 만족하다

명문법 - 명언으로 배우는 영문법

CHAPTER
10

to부정사

동사를 명사나 형용사처럼 쓰이게도 하고 부사처럼 쓰이게 하는
마법의 힘을 갖고 있는 것이 바로 'to 부정사'이다.
문장 안에서 그 역할이 정해지기에
이름도 정해지지 않았다는 의미의 '부정사'이다.

UNIT 01 ▸ to부정사의 의미

to부정사는 동사 앞에 "to"를 붙여 만든 형태입니다. to부정사는 명사적(ex. "To learn is important."), 형용사적(ex "This is the book to read."), 부사적(ex. "He went to the store to buy milk.") 역할을 할 수 있습니다. 이는 문장에서 주어, 목적어, 보어 등으로 다양하게 쓰이며, 동사의 목적이나 이유를 설명하는 데 중요한 역할을 합니다.

Books to read can change your life.
- Charles W. Eliot

읽어야 할 책들이 당신의 삶을 바꿀 수 있다.

1 To succeed in life, you need two things: ignorance and confidence.
- Mark Twain

삶에서 성공하려면 두 가지가 필요하다: 무지와 자신감.

2 To be happy, we must not be too concerned with others.
- Albert Camus

행복해지려면, 우리는 다른 사람들에게 너무 신경 쓰지 말아야 한다.

3 To live is the rarest thing in the world. Most people exist, that is all.
- Oscar Wilde

사는 것은 세상에서 가장 드문 일이다. 대부분의 사람들은 그저 존재할 뿐이다.

4 To find joy in work is to discover the fountain of youth.
- Pearl S. Buck

일에서 기쁨을 찾는 것은 젊음의 샘을 발견하는 것이다.

5   To read without reflecting is like eating without digesting.
                                              - Edmund Burke

반성 없이 읽는 것은 소화하지 않고 먹는 것과 같다.

6   To avoid criticism, do nothing, say nothing, be nothing.
                                              - Elbert Hubbard

비판을 피하려면, 아무것도 하지 말고, 아무 말도 하지 말고, 아무것도 되지 마라.

[에피소드]

이 명언은 '엘버트 허버드'가 비판을 두려워하지 말고, 적극적으로 행동할 것을 강조하며 남긴 말입니다. 허버드는 19세기와 20세기 초의 저명한 작가이자 철학자로, 개인의 자유와 자기 표현의 중요성을 역설한 인물이었습니다.

이 명언은 사람들이 자신을 표현하고 목표를 추구하는 과정에서 반드시 비판을 마주하게 되며, 이는 피할 수 없는 현실이라는 점을 상기시켜줍니다. 허버드는 "비판을 피하려고 아무것도 하지 않는다면, 당신은 결국 아무것도 아닌 존재가 될 것"이라는 메시지를 전달하며, 진정한 성장은 행동하고, 말하고, 도전하는 과정에서 이루어진다고 강조했습니다.

오늘날까지도 이 명언은 사람들이 비판에 위축되지 않고 자신의 길을 가도록 격려하는 중요한 교훈으로 인용되고 있습니다. 이는 특히 창의적인 분야나 리더십을 발휘하는 사람들에게 깊은 울림을 주며, 비판을 두려워하지 말고 자신의 신념을 따르라는 메시지를 전달합니다.

---

read: 읽다 change: 바꾸다 succeed: 성공하다 ignorance: 무지 confidence: 자신감 happy: 행복한 concerned: 걱정하는 live: 살다 exist: 존재하다 joy: 기쁨 discover: 발견하다 fountain: 샘 youth: 젊음 reflect: 반성하다 digest: 소화하다 avoid: 피하다 criticism: 비판

UNIT 02 명사적 용법[주어, 목적어, 보어]

to부정사의 명사적 용법은 문장에서 주어, 목적어, 보어로 사용되며, 동사의 목적이나 행위의 대상을 나타낼 때 자주 쓰입니다. 주어로 사용될 때, to부정사는 문장의 동작이나 상태를 설명하며, 예를 들어 "To learn is important."에서 "To learn"이 주어입니다. 목적어로 사용될 때, to부정사는 동사의 행위의 대상을 나타내며, "I want to go."에서 "to go"가 목적어 역할을 합니다. 보어로 사용될 때, to부정사는 주어나 목적어의 상태를 설명하는 역할을 하며, "Her dream is to travel."에서 "to travel"이 보어입니다.

To travel is to live.　　- Hans Christian Andersen
여행하는 것이 곧 사는 것이다.

1　The best way to predict your future is **to create** it.
　　　　　　　　　　　　　　　　　　　　　　　　- Peter Drucker
　당신의 미래를 예측하는 가장 좋은 방법은 그것을 창조하는 것이다.

2　I choose **to be** happy because it is good for my health.
　　　　　　　　　　　　　　　　　　　　　　　　- Voltaire
　나는 행복하기로 선택했다. 그것이 내 건강에 좋기 때문이다.

3　He began **to realize** that the journey is more important than the destination.　　　　　　　　　　　　　　- Arthur Ashe
　그는 여정이 목적지보다 더 중요하다는 것을 깨닫기 시작했다.

4　The purpose of life is not **to be** happy. It is **to be** useful.
　　　　　　　　　　　　　　　　　　　　　　- Ralph Waldo Emerson
　삶의 목적은 행복해지는 것이 아니라 유용해지는 것이다.

5 She strives to make a difference in the lives of others.
                                                      - Oprah Winfrey
그녀는 다른 사람들의 삶에 변화를 주기 위해 노력한다.

6 To err is human; to forgive, divine.   - Alexander Pope
실수하는 것은 인간적이지만, 용서하는 것은 신성하다.

[에피소드]

이 명언은 18세기 영국의 시인이자 풍자 작가인 '알렉산더 포프(Alexander Pope)'의 저서 "An Essay on Criticism"에서 비롯된 말입니다. 이 문구는 인간이 실수를 저지르는 것이 자연스러운 것이며, 신성한 것은 그런 실수를 용서하는 것이라는 깊은 의미를 담고 있습니다.
포프는 이 명언을 통해 인간의 불완전함을 인정하면서도, 용서가 얼마나 중요한 덕목인지를 강조했습니다. 이 말은 특히 인간관계에서 용서가 얼마나 어려운지, 그리고 그 행위가 얼마나 고귀한지를 생각하게 만듭니다. 현대에도 이 명언은 자주 인용되며, 사람들에게 타인의 실수를 용서하고, 자신이 실수했을 때는 관대함을 기대하는 마음을 갖도록 하는 교훈을 제공합니다. 특히 심리학이나 자기계발 분야에서 이 문구는 자신과 타인에게 관대해지는 방법을 배우는 과정에서 자주 언급됩니다.

travel: 여행하다 live: 살다 predict: 예측하다 future: 미래 create: 창조하다 choose: 선택하다
health: 건강 realize: 깨닫다 journey: 여정 destination: 목적지 purpose: 목적 useful: 유용한
strive: 노력하다 difference: 변화 err: 실수하다 forgive: 용서하다 divine: 신성한

UNIT 03 형용사적 용법 [명사를 수식]

to부정사의 형용사적 용법은 명사나 대명사를 수식하거나 설명하는 역할을 합니다. to부정사는 이 경우에 주로 뒤따르는 명사나 대명사의 성질이나 용도를 나타내기 위해 사용됩니다. 예를 들어, "a book to read"에서 "to read"는 "book"을 수식하며, "읽을 책"이라는 의미로 형식적 역할을 합니다. 또한 보어역할을 하는 'be to용법'은 조동사 역할을 해줍니다. 예를 들어, "I'm to study."에서 be to study는 "공부를 할 예정이다", 또는 "공부를 해야만한다"로 해석됩니다.

A day without laughter is a day to be wasted.
- Charlie Chaplin

웃음 없는 하루는 낭비된 하루다.

1 The power to question is the basis of all human progress.
- Indira Gandhi

질문할 힘은 모든 인간 진보의 기초이다.

2 There is nothing more powerful than an idea to change the world.
- Victor Hugo

세상을 바꿀 수 있는 생각보다 더 강력한 것은 없다.

3 A book to read is a dream that you hold in your hand.
- Neil Gaiman

읽을 책은 당신이 손에 쥔 꿈이다.

4 If justice is to be done, the law must be applied fairly.
- Legal Principle

정의가 실현되려면, 법은 공정하게 적용되어야 한다.

5   Leaders are to serve, not to be served.   - Ken Blanchard
　　리더는 섬기기 위해 존재하며, 섬김을 받기 위해 존재하지 않는다.

6   The best time to plant a tree was 20 years ago. The second best time is now.   - Chinese Proverb
　　나무를 심기 가장 좋은 시기는 20년 전이었다. 두 번째로 좋은 시기는 지금이다.

[에피소드]

이 명언은 중국 속담으로, 행동의 중요성과 시기를 놓치지 말아야 한다는 교훈을 담고 있습니다. 이 명언은 나무 심기 시기를 빗대어, 과거에 해야 할 일을 놓쳤더라도 지금부터라도 시작하는 것이 중요하다는 메시지를 전달합니다.

이 속담은 환경 운동에서 자주 인용되며, 특히 나무 심기 운동과 같은 캠페인에서 널리 사용됩니다. 예를 들어, 환경 보호를 위한 노력에서 사람들이 "지구를 위해 무언가를 해야 할 가장 좋은 시기는 과거였을지 모르지만, 지금 시작하는 것이 그 다음으로 가장 좋은 선택"이라는 생각을 다시 한 번 상기시키기 위해 이 명언을 자주 사용합니다.

이 속담은 또한 개인적인 성장이나 목표 설정에서도 큰 울림을 줍니다. 과거에 기회를 놓쳤다고 해서 지금 시도하는 것이 늦었다고 생각하지 말라는 격려의 말로, 지금부터라도 시작하면 의미 있는 결과를 얻을 수 있다는 희망을 주고 있습니다.

---

laughter: 웃음 waste: 낭비하다 power: 힘 question: 질문하다 progress: 진보 powerful: 강력한 idea: 생각 change: 바꾸다 dream: 꿈 justice: 정의 apply: 적용하다 fairly: 공정하게 serve: 섬기다 plant: 심다 tree: 나무

UNIT 04 부정사의 부사적 용법

to부정사의 부사적 용법은 문장에서 동사, 형용사, 또는 다른 부사를 수식하며, 목적(ex. "He went to school to study."), 이유(ex. "I am happy to see you."), 결과(ex. "She grew up to be a doctor."), 또는 조건(ex. "To hear him talk, you would think he was an expert.") 등을 표현할 때 사용됩니다. 이 용법은 문장에서 왜, 어떻게, 무엇을 위해 등의 질문에 대한 답을 제공하며, 동작이나 상태에 대한 추가 정보를 제공하는 중요한 역할을 합니다.

I study **to understand** the world, not **to change** it.
- *Simone de Beauvoir*

나는 세상을 이해하기 위해 공부한다, 그것을 바꾸기 위해서가 아니다.

1. **To live** a creative life, we must lose our fear of being wrong.
   - *Joseph Chilton Pearce*

   창의적인 삶을 살기 위해 우리는 틀릴 수 있다는 두려움을 버려야 한다.

2. He runs **to escape** his thoughts.
   - *Haruki Murakami*

   그는 생각에서 벗어나기 위해 달린다.

3. I travel **to understand** different cultures.
   - *Michael Palin*

   나는 다양한 문화를 이해하기 위해 여행한다.

4. **To lead** others, you must first lead yourself.
   - *John C. Maxwell*

   다른 사람을 이끌려면, 먼저 자신을 이끌어야 한다.

5. **To gain** respect, you must first show respect.
   - *Confucius*

   존경을 받으려면, 먼저 존경을 보여야 한다.

6   He taught himself to read in order to educate others.

- *Frederick Douglass*

그는 다른 사람들을 교육하기 위해 독학으로 글을 배웠다.

[에피소드]

이 명언은 19세기 미국의 노예 출신 사회운동가인 '프레데릭 더글러스(Frederick Douglass)'가 남긴 것으로, 그의 삶의 여정을 잘 보여줍니다. 더글러스는 노예로 태어나 학문을 배울 기회가 전혀 없었지만, 독학으로 읽고 쓰는 법을 익혔습니다. 그는 책과 글을 통해 지식을 쌓고, 자신의 경험과 배움을 바탕으로 노예 제도의 잔혹함을 폭로하고, 자유를 위해 싸웠습니다.

더글러스는 글과 연설을 통해 자신이 배운 지식을 다른 사람들에게 전파하며, 노예 해방 운동에 앞장섰습니다. 그의 끊임없는 노력과 용기는 미국 역사에서 중요한 역할을 했으며, 오늘날에도 많은 사람들에게 영감을 주고 있습니다. 이 명언은 교육의 힘과 그 교육을 통해 다른 사람들에게 영향을 미칠 수 있는 능력을 강조합니다.

---

understand: 이해하다 change: 바꾸다 live: 살다 creative: 창의적인 fear: 두려움 wrong: 틀린 escape: 벗어나다 thought: 생각 culture: 문화 lead: 이끌다 gain: 얻다 respect: 존경 show: 보여주다 educate: 교육하다

확인테스트

A 다음 중 괄호 안에서 알맞은 것을 고르시오.

1. Books (read, reading, to read) can change your life.
   읽어야 할 책들이 당신의 삶을 바꿀 수 있다.

2. To travel is (live, to live).
   여행하는 것이 곧 사는 것이다.

3. A book (read, to read, to reading) is a dream that you hold in your hand.
   읽을 책은 당신이 손에 쥔 꿈이다.

4. A day without laughter is a day (to waste, to be wasted).
   웃음 없는 하루는 낭비된 하루다.

B 다음 중 해석에 맞게 틀린 부분을 바르게 고치시오

1. 당신의 미래를 예측하는 가장 좋은 방법은 그것을 창조하는 것이다.
   The best way to predict your future is create it.
   _____ → _____

2. 실수하는 것은 인간적이지만, 용서하는 것은 신성하다.
   To err is human; forgive, divine.
   _____ → _____

3. 나는 세상을 이해하기 위해 공부한다, 그것을 바꾸기 위해서가 아니다.
   I study to understand the world, not change it.
   _____ → _____

4. 그는 다른 사람들을 교육하기 위해 독학으로 글을 배웠다.
   He taught himself to read in order educate others.
   _____ → _____

A 1. to read 2. to live 3. to read 4. to be wasted
B 1. create, to create 2. forgive, to forgive 3. change, to change 4. educate, to educate

Review

01 to부정사의 의미

1) to부정사는 동사 앞에 "to"를 붙여 만든 형태이다.
2) to부정사는 명사적(ex. "To learn is important."), 형용사적(ex "This is the book to read."), 부사적(ex. "He went to the store to buy milk.") 역할을 할 수 있다.

02 명사적 용법 [주어, 목적어, 보어]

1) 문장에서 주어, 목적어, 보어로 사용된다.
2) 주어로 사용될 때, to부정사는 문장의 동작이나 상태를 설명한다.
3) 목적어로 사용될 때, to부정사는 동사의 행위의 대상을 나타낸다.
4) 보어로 사용될 때, to부정사는 주어나 목적어의 상태를 설명하는 역할을 한다.

03 형용사적 용법 [명사를 수식]

1) to부정사의 형용사적 용법은 명사나 대명사를 수식하거나 설명하는 역할을 한다.
2) 주로 뒤따르는 명사나 대명사의 성질이나 용도를 나타내기 위해 사용된다.
3) 보어역할을 하는 'be to용법'은 조동사 역할을 해줍니다.

04 부정사의 부사적 용법

1) to부정사의 부사적 용법은 문장에서 동사, 형용사, 또는 다른 부사를 수식한다.
2) 목적, 이유, 결과, 또는 조건 등을 표현할 때 사용된다.
3) 문장에서 왜, 어떻게, 무엇을 위해 등의 질문에 대한 답을 제공하며, 동작이나 상태에 대한 추가 정보를 제공하는 중요한 역할을 한다.

명문법 - 명언으로 배우는 영문법

CHAPTER
11

동명사

'동사원형'에 '~ing'를 붙여서 명사적으로 쓰인 것을 '동명사'라고 한다.
동사의 속성을 지니고 있지만
'명사'처럼 쓰이기에 이름도 '동명사'라고 부른다.
말 자체가 의미하듯이 '명사'로만 쓰이기에,
문장 안에서 '주어, 목적어, 보어'의 역할을 한다.

UNIT 01 동명사의 의미

동명사는 동사의 형태를 가지면서 명사처럼 문장에서 주어, 목적어, 보어로 쓰이는 것을 말합니다. 영어에서는 보통 "동사 + -ing" 형태로 사용되며, 동명사는 특정 행동이나 상태를 하나의 개념으로 표현할 때 주로 사용됩니다. 예를 들어, "Swimming is fun."에서 'swimming'은 '수영하는 것'이라는 명사적인 의미로 쓰인 동명사입니다.

Living well is the best revenge.

- George Herbert

잘 사는 것이 최고의 복수다.

1 Reading is to the mind what exercise is to the body.

- Joseph Addison

독서는 마음에 있어 운동이 신체에 주는 것과 같다.

2 Dreaming, after all, is a form of planning.   - Gloria Steinem

꿈꾸는 것은 계획의 한 형태다.

3 Learning never exhausts the mind.   - Leonardo da Vinci

배우는 것은 결코 마음을 지치게 하지 않는다.

4 Knowing others is intelligence; knowing yourself is true wisdom.

- Lao Tzu

다른 사람을 아는 것은 지혜이고, 자신을 아는 것이 진정한 지혜다.

5 Success is liking yourself, liking what you do, and liking how you do it.

- Maya Angelou

성공은 자신을 좋아하고, 자신이 하는 일을 좋아하고, 그 일을 해내는 방식을 좋아하는 것이다.

6\. Winning isn't everything, but wanting to win is.
- Vince Lombardi

이기는 것이 전부는 아니지만, 이기고자 하는 마음은 전부일 수 있다.

[에피소드]

이 명언은 미국의 전설적인 미식축구 감독, '빈스 롬바르디'가 한 말로 널리 알려졌는데, 사실 그의 원래 의도는 약간 달랐습니다. 그는 단순히 "이기는 것이 전부다"라는 의미가 아닌, 최선을 다해 승리를 목표로 하는 것의 중요성을 강조하고자 했습니다.

시간이 지나면서 이 문구의 앞부분인 "Winning isn't everything"이 자주 생략되었고, 그의 메시지가 "이기는 것이 전부다"라는 식으로 잘못 전달되기 시작했습니다. 그로 인해 일부 사람들은 롬바르디가 수단과 방법을 가리지 않고 승리를 추구해야 한다는 것을 옹호했다고 오해했습니다. 하지만 그는 이후 여러 인터뷰를 통해 자신이 전달하고자 했던 진정한 의미를 설명했습니다. 그의 핵심 메시지는 승리를 향한 열정과 끈기로 최선을 다하되, 정직과 윤리를 지키며 노력하는 것이 중요하다는 것이었습니다.

이 일화는 단순히 승리를 추구하는 것보다, 목표를 향해 열정과 성실함으로 나아가는 것이 진정한 성공이라는 교훈으로 널리 회자되고 있습니다.

---

live: 살다 revenge: 복수 reading: 독서 exercise: 운동 body: 신체 dream: 꿈꾸다 plan: 계획
learn: 배우다 exhaust: 지치게 하다 know: 알다 intelligence: 지능 wisdom: 지혜 like: 좋아하다
win: 이기다 want: 원하다

UNIT 02 주어와 보어로 쓰이는 동명사

동명사는 동사에 '-ing'를 붙여 만들어진 형태로, 문장에서 명사처럼 기능하며 주어나 보어 자리에 올 수 있습니다. 주어로 쓰일 때, 동명사는 문장의 첫 부분에 위치하여 전체 행위나 상태를 나타냅니다. (예: "Reading is enjoyable."에서 "Reading"은 주어 역할) 보어로 쓰일 때는 보통 연결 동사(be, become 등) 뒤에 위치하여 주어를 설명하거나 특징짓는 역할을 합니다. (예: "My favorite hobby is reading."에서 "reading"은 보어 역할)

True success is being true to yourself.
- Oprah Winfrey

진정한 성공은 자신에게 진실한 것이다.

1. Singing gives me great pleasure.   - John Lennon
   노래를 부르는 것은 나에게 큰 기쁨을 준다.

2. Generosity is giving more than you can, and pride is taking less than you need.   - Kahlil Gibran
   너그러움은 줄 수 있는 것 이상을 주는 것이고, 자부심은 필요한 것보다 적게 받는 것이다.

3. Learning is the beginning of wealth. Learning is the beginning of health.   - Jim Rohn
   배움은 부의 시작이자 건강의 시작이다.

4. Working hard and working smart sometimes can be two different things.   - Byron Dorgan
   열심히 일하는 것과 똑똑하게 일하는 것은 때때로 서로 다른 것이다.

5. Success is having people love you for who you are.
- Warren Buffett

성공은 있는 그대로의 당신을 사람들이 사랑하게 만드는 것이다.

6. Happiness is enjoying the little things in life. - Robert Brault

행복은 인생의 작은 것들을 즐기는 것이다.

[에피소드]

이 명언은 우리가 삶의 단순한 기쁨을 간과하는 경우가 많다는 것을 상기시켜 줍니다. 그가 자연 속에서 조용한 저녁 산책을 하면서 친구와 함께 순간을 공유했다는 유명한 이야기가 있습니다. 그는 새들이 지저귀는 소리와 신선한 바람과 같은 주변의 미묘한 아름다움이 어떻게 그들을 평화롭고 즐겁게 만들 수 있었는지 지적했습니다. 이 이야기는 행복이 거창한 업적이나 소유물에서 비롯될 필요는 없지만, 우리가 흔히 당연하게 여기는 단순하고 일상적인 경험에서 비롯된 것임을 보여줍니다.

---

true: 진실한 success: 성공 sing: 노래하다 pleasure: 기쁨 generosity: 너그러움 give: 주다 pride: 자부심 take: 받다 learn: 배우다 wealth: 부 health: 건강 work: 일하다 smart: 똑똑한 have: 가지다 love: 사랑하다 enjoy: 즐기다

UNIT 03 : 목적어로 쓰이는 동명사

동명사는 동사의 '-ing'형태로, 문장에서 목적어 역할을 할 수 있습니다. enjoy, avoid, finish와 같은 특정 동사들은 동명사를 직접 목적어로 취하며, about, of, in과 같은 전치사 뒤에도 동명사가 목적어로 사용됩니다. 예를 들어, "I enjoy swimming."에서는 동사 enjoy의 목적어로, "He is interested in reading."에서는 전치사 in의 목적어로 동명사가 사용됩니다.

I can't imagine **stopping** writing. - *Stephen King*

글쓰기를 멈추는 것은 상상할 수 없다.

1 Consider avoiding **making** the same mistake twice.
　　　　　　　　　　　　　　　　　　　　　　　- *Benjamin Franklin*

　같은 실수를 두 번 하는 것을 피하는 것을 고려하라.

2 I like **thinking** big. If you're going to be thinking anything, you might as well think big.　　　　　　　　　- *Donald Trump*

　나는 크게 생각하는 것을 좋아한다. 어차피 무언가를 생각할 거라면 크게 생각하는 게 낫다.

3 Life is like **riding** a bicycle. To keep your balance, you must keep **moving**.　　　　　　　　　　　　　　- *Albert Einstein*

　인생은 자전거 타기와 같다. 균형을 잡으려면 계속 움직여야 한다.

4 Anyone who stops **learning** is old, whether at twenty or eighty.
　　　　　　　　　　　　　　　　　　　　　　　　　- *Henry Ford*

　배우기를 멈추는 사람은 스무 살이든 여든 살이든 늙은 것이다.

5   Life is about **accepting** the challenges along the way.
                                                    - *Muhammad Ali*

인생은 길을 가면서 마주치는 도전들을 받아들이는 것이다.

6   I hate **following** the herd.   - *Warren Buffett*

나는 군중을 맹목적으로 따르는 것을 싫어한다.

[에피소드]

1999년 닷컴 버블 당시, 많은 투자자들이 인터넷 기업들에 열광적으로 투자하고 있을 때 '워렌 버핏'은 이를 거부했습니다. 주변에서는 그가 '시대에 뒤처졌다'며 비난했고, 심지어 그의 투자 철학이 더 이상 통하지 않는다고 조롱했습니다.
하지만 버핏은 자신의 원칙을 고수했고 "나는 이해하지 못하는 비즈니스에는 투자하지 않는다"며 기술주 투자를 피했습니다. 결과적으로 2000년 닷컴 버블이 붕괴되면서 많은 투자자들이 막대한 손실을 보았지만, 버핏은 오히려 이 시기를 잘 견뎌냈습니다.
이 사례는 '군중심리를 따르지 않는다'는 그의 철학을 극명하게 보여주는 대표적인 에피소드이며, 그의 명언이 단순한 말이 아닌 실제 투자 철학이자 행동 원칙이었음을 증명합니다.

---

imagine: 상상하다 consider: 고려하다 avoid: 피하다 mistake: 실수 might as well: 차라리 ~하는 게 낫다 balance: 균형 accept: 받아들이다 challenge: 도전 hate: 싫어하다 herd: 군중, 무리

UNIT 04 동명사의 관용표현

동명사의 관용표현은 특정 동사나 표현 뒤에 반드시 동명사(-ing)가 와야 하는 문법 구조를 말합니다. 대표적으로 'enjoy + ~ing', 'finish + ~ing', 'keep + ~ing'처럼 특정 동사 뒤에는 반드시 동명사를 써야 하며, 이는 암기가 필요한 부분입니다. 'be worth + ~ing', 'can't help + ~ing', 'look forward to + ~ing'와 같이 관용구 형태로 굳어진 표현들도 있는데, 이러한 표현들은 to부정사가 아닌 반드시 동명사를 목적어로 사용해야 합니다.

[대표적인 동명사 관용표현]
go ~ing ~하러 가다 / cannot help ~ing ~하지 않을 수 없다 / It is no use ~ing ~해도 소용없다 / feel like ~ ing ~하고 싶다 / far from ~ing 결코 ~않다 (=never) / (Up) on ~ing ~하자마자 / in ~ing ~할 때, ~하는 데 있어서 / by ~ing ~함으로써 / waste/spend + 시간/돈 +~ing ~하는 데 시간/돈을 낭비하다/소비하다 / have difficulty (in) ~ing ~하는 데 어려움을 겪다 / be busy ~ing ~하느라 바쁘다

The world **is** too **busy making** walls instead of bridges.
- Isaac Newton

세상은 다리를 만드는 대신 벽을 만드느라 너무 바쁘다.

1 **Go walking** in nature. It's good for the soul.
- Ralph Waldo Emerson

자연으로 걸으러 가라. 그것은 영혼에 좋다.

2 **Upon reaching** the top of the mountain, **keep climbing**.
- Dogen Zenji

산 정상에 도달하자마자 계속 올라가라.

3 **It is no use regretting** what is gone.
- Gandhi

지나간 것을 후회해봐야 소용없다.

4   We are far from knowing all the answers.   - *Marie Curie*
우리는 모든 답을 아는 것과는 거리가 멀다.

5   Don't waste time waiting for inspiration. Begin by working.
                                                - *Pablo Picasso*
영감을 기다리는 데 시간을 낭비하지 마라. 일하는 것으로 시작하라.

6   I cannot help loving nature in all its simplicity.
                                                - *Claude Monet*
나는 자연의 모든 단순함을 사랑하지 않을 수 없다.

[에피소드]

'모네'는 말년에 백내장으로 인해 시력을 점점 잃어가고 있었습니다. 특히 1922년경에는 거의 시력을 잃어 색깔을 구별하기도 힘들었죠. 하지만 그는 자신의 정원에서 매일 아침 일출과 함께 일어나 자연을 관찰하고 그림을 그렸습니다. 특히 지베니 정원의 수련(Water Lilies) 연작을 그릴 때는, 거의 보이지 않는 상태에서도 기억과 감각으로 그림을 그렸다고 합니다. 그는 "나는 내 눈으로 보는 것이 아니라, 내 마음으로 자연을 본다."라고 말했다고 합니다.
이렇게 시력을 잃어가는 상황에서도 자연에 대한 사랑을 포기하지 않고, 오히려 더 깊이 자연의 본질을 이해하려 했던 모네의 이야기는, 그의 명언이 단순한 말이 아닌 진정한 삶의 철학이었음을 보여줍니다. 이 시기에 그린 작품들은 오히려 더 추상적이고 현대적인 느낌을 주어, 20세기 추상표현주의에 큰 영향을 미쳤다고 평가받고 있습니다.

---

busy: 바쁜 wall: 벽 bridge: 다리 walk: 걷다 nature: 자연 soul: 영혼 reach: 도달하다 mountain: 산 climb: 오르다 regret: 후회하다 gone: 사라진 far: 멀리 know: 알다 answer: 답 waste: 낭비하다 inspiration: 영감 help: 돕다 simplicity: 단순함

확인테스트

A 다음 중 괄호 안에서 알맞은 것을 고르시오.

1. (Live, Living) well is the best revenge.
   잘 사는 것이 최고의 복수다.

2. I hate (follow, following) the herd.
   나는 군중을 맹목적으로 따르는 것을 싫어한다.

3. (Sing, Singing) gives me great pleasure.
   노래를 부르는 것은 나에게 큰 기쁨을 준다.

4. It is no use (regret, to regret, regretting) what is gone.
   지나간 것을 후회해봐야 소용없다.

B 다음 중 해석에 맞게 틀린 부분을 바르게 고치시오

1. 글쓰기를 멈추는 것은 상상할 수 없다.
   I can't imagine to stop writing.
   _____ → _____

2. 진정한 성공은 자신에게 진실한 것이다.
   True success is be true to yourself.
   _____ → _____

3. Dream, after all, is a form of planning.
   꿈꾸는 것은 계획의 한 형태다.
   _____ → _____

4. 나는 자연의 모든 단순함을 사랑하지 않을 수 없다.
   I cannot help love nature in all its simplicity.
   _____ → _____

A 1. Living 2. following 3. Singing 4. regretting
B 1. to stop, stopping 2. be, being 3. Dream, Dreaming 4. love, loving

Review

01 동명사의 의미
1) 동명사는 명사처럼 문장에서 주어, 목적어, 보어로 쓰이는 것을 말한다.
2) "동사 + -ing" 형태로 사용된다.
3) 특정 행동이나 상태를 하나의 개념으로 표현할 때 주로 사용된다.

02 주어와 보어로 쓰이는 동명사
1) 문장에서 명사처럼 기능하며 주어나 보어 자리에 올 수 있다.
2) 주어로 쓰일 때, 문장의 첫 부분에 위치하여 전체 행위나 상태를 나타낸다.
3) 보어로 쓰일 때는 보통 연결 동사(be, become 등) 뒤에 위치하여 주어를 설명하거나 특징짓는 역할을 한다.

03 목적어로 쓰이는 동명사
1) 문장에서 목적어 역할을 할 수 있다.
2) enjoy, avoid, finish와 같은 특정 동사들은 동명사를 직접 목적어로 취한다.
3) about, of, in과 같은 전치사 뒤에도 동명사가 목적어로 사용된다.

04 동명사의 관용표현
go ~ing ~하러 가다
cannot help ~ing ~하지 않을 수 없다
It is no use ~ing ~해도 소용없다
feel like ~ ing ~하고 싶다
far from ~ing 결코 ~않다 (=never)
(Up) on ~ing ~하자마자
in ~ing ~할 때, ~하는 데 있어서
by ~ing ~함으로써
waste/spend + 시간/돈 +~ing ~하는 데 시간/돈을 낭비하다/소비하다
have difficulty (in) ~ing ~하는 데 어려움을 겪다
be busy ~ing ~하느라 바쁘다

명문법 - 명언으로 배우는 영문법

CHAPTER
12

분사

'분사'란 '동사'의 성질을 가지면서 '형용사'의 역할을 하는
일종의 '동사 변화형'이다.
이러한 '분사'에는 '현재분사'와 '과거분사'가 있다.
'현재분사'는 진행형을 만들 때, 그리고 능동의 의미를 나타낸다.
'과거분사'는 완료형을 만들 대, 그리고 수동의 의미를 나타낸다.

UNIT 01 분사의 형태와 의미

분사는 동사에서 파생된 형태로, 주로 형용사와 같은 역할을 하며 명사를 수식하거나 문장에서 보어로 사용됩니다. 현재분사(-ing 형태)는 진행 중인 동작이나 상태를 나타내고, 과거분사(-ed 형태)는 완료된 동작이나 상태를 나타냅니다. 예를 들어, "running water"에서는 "running"이 물이 흐르고 있는 상태를, "broken window"에서는 "broken"이 창문이 깨진 상태를 의미합니다.

A **loving** heart is the truest wisdom.
- Charles Dickens

사랑하는 마음이 가장 진실한 지혜이다.

1. A **reading** mind grows in strength with every book.
- Virginia Woolf

독서하는 마음은 책을 통해 강해진다.

2. Anyone **telling** you they know the future is **lying**.
- Warren Buffett

미래를 안다고 말하는 사람은 거짓말을 하는 것이다.

3. **Blessed** are the hearts that can bend; they shall never be **broken**.
- Albert Camus

구부러질 수 있는 마음은 축복받은 것이다; 그 마음은 결코 부서지지 않는다.

4. **Forgiven** mistakes often lead to unforgettable lessons.
- Ernest Hemingway

용서받은 실수는 종종 잊을 수 없는 교훈을 낳는다.

5   Time wasted is existence; used is life.   - Edward Young
    낭비된 시간은 존재일 뿐이고; 사용된 시간이 삶이다.

6   The inspiring words of a leader can change the course of history.   - John F. Kennedy
    지도자의 영감을 주는 말은 역사의 흐름을 바꿀 수 있다.

[에피소드]

1961년 '존 F. 케네디' 대통령은 취임사를 통해 다음과 같은 유명한 단어를 발표했습니다: "국가가 당신을 위해 무엇을 할 수 있는지 묻지 말고 국가를 위해 무엇을 할 수 있는지 물어보세요." 이 연설은 케네디 대통령 임기의 분위기를 조성했을 뿐만 아니라 한 세대가 사회에 봉사하고 기여하도록 영감을 주었습니다. 많은 사람들이 희망과 행동 촉구로 가득 찬 케네디의 연설이 냉전 시대 미국 정신을 정의하는 데 도움이 되었다고 믿으며, 올바른 단어가 역사를 형성하는 데 얼마나 강력하고 혁신적인지 보여주었습니다.

love: 사랑하다 wisdom: 지혜 read: 읽다 strength: 힘 tell: 말하다 lie: 거짓말하다 bless: 축복하다
bend: 구부리다 break: 부서지다 forgive: 용서하다 mistake: 실수 unforgettable: 잊을 수 없는
waste: 낭비하다 exist: 존재하다 use: 사용하다 inspire: 영감을 주다 course: 흐름

UNIT 02 분사의 동사적 용법

분사의 동사적 용법은 be동사와 함께 쓰여 진행형과 완료형을 만듭니다. 진행형은 'be동사 + 현재분사(-ing)'의 형태로 동작이 진행 중임을 나타내며(예: am/is/was/were writing), 완료형은 'have/has/had + 과거분사(-ed/-en)'의 형태로 동작이 완료되었음을 나타냅니다(예: have/has/had written). 이러한 형태들은 각각 시제와 결합하여 현재진행형(is writing), 과거진행형(was writing), 현재완료형(has written), 과거완료형(had written), 미래완료형(will have written) 등으로 사용됩니다.

Time **has shown** us who the true heroes are.
- *Michelle Obama*

시간은 우리에게 진정한 영웅이 누구인지 보여주었다.

1. When success came, I **had** already **learned** the value of failure.
   - *Walt Disney*

   성공이 왔을 때, 나는 이미 실패의 가치를 배웠었다.

2. I **have failed** my way to success.   - *Thomas Edison*

   나는 실패하면서 성공의 길을 걸어왔다.

3. I **have learned** that courage was not the absence of fear.
   - *Nelson Mandela*

   나는 용기가 두려움의 부재가 아니라는 것을 배웠다.

4. Society is constantly **evolving**, but human nature remains unchanged.   - *Confucius*

   사회는 끊임없이 진화하고 있지만, 인간의 본성은 변하지 않는다.

5 We **were thinking** too small when we should have been dreaming big.   - *Neil Armstrong*
   우리가 크게 꿈꿨어야 했을 때 우리는 너무 작게 생각하고 있었다.

6 Books **have given** me a magic portal to connect with people of the past.   - *Amy Tan*
   책은 나에게 과거의 사람들과 연결되는 마법의 문을 주었다.

[에피소드]

'에이미 탄(Amy Tan)'은 어린 시절, 중국계 이민자의 딸로 자라면서 미국 문화와 가족의 전통적인 중국 문화를 동시에 경험했습니다. 그녀는 종종 어머니와의 복잡한 관계로 인해 혼란을 느꼈고, 그로 인해 자신의 뿌리와 정체성에 대해 고민하곤 했습니다. 책은 그녀에게 단순한 오락 이상의 의미를 주었으며, 과거의 이야기와 역사를 탐구하는 도구가 되었습니다.

특히 그녀는 책을 통해 그녀의 어머니가 자란 중국 사회와 역사적 사건을 이해하게 되었고, 이것이 나중에 그녀의 대표작인 'The Joy Luck Club'의 배경이 되었습니다. 이 책은 세대 간 갈등과 이해를 다루며, 전 세계적으로 많은 독자들에게 감동을 주었습니다. Amy Tan은 독서가 과거와 현재, 그리고 가족의 이야기를 이어주는 다리였다고 회고하며 이 명언을 남겼습니다. 이처럼 그녀의 독서 경험은 개인적인 성장을 넘어 세계적으로 영향력 있는 작품을 탄생시키는 원동력이 되었습니다.

---

show: 보여주다 hero: 영웅 success: 성공 learn: 배우다 value: 가치 failure: 실패 fail: 실패하다 courage: 용기 absence: 부재 fear: 두려움 evolve: 진화하다 nature: 본성 unchanged: 변하지 않은 think: 생각하다 dream: 꿈꾸다 portal: 문 connect: 연결하다

UNIT 03 분사의 형용사적 용법

분사의 형용사적 용법은 분사가 명사를 수식하여 형용사의 기능을 하는 것을 말합니다.
현재분사(동사원형 + -ing)는 계속 진행 중이거나 습성을 나타내는 명사를 수식합니다. 예를 들어 "a singing bird"와 같이 현재분사 "singing"이 명사 "bird"를 수식합니다.
과거분사(동사원형 + -ed/-en)는 과거에 완료된 행동이나 상태를 나타내는 명사를 수식합니다. 예를 들어 "a broken window"와 같이 과거분사 "broken"이 명사 "window"를 수식합니다.

A **listening** ear hears the **hidden** voice.
- Erwin McManus

경청하는 귀는 숨겨진 목소리를 듣는다.

1. A **broken** promise is a lost trust. — *Dodinsky*
   깨진 약속은 잃어버린 신뢰이다.

2. A **rising** tide lifts all **abandoned** boats. — *John F. Kennedy*
   밀려오는 파도는 모든 버려진 배들을 들어올린다.

3. The **believing** mind is the **achieving** mind. — *Nanette Mathews*
   믿는 마음이 성취하는 마음이다.

4. The **wandering** mind finds the **unseen** path.
   — *Lailah Gifty Akita*
   방황하는 마음은 보이지 않는 길을 찾는다.

5. Refined character reveals the **shining** soul.
   — *Ralph Waldo Emerson*
   정제된 성품은 빛나는 영혼을 드러낸다.

6   A lived experience is the best teacher.   - Maya Angelou
살아낸 경험이 가장 훌륭한 스승이다.

[에피소드]

도전으로 가득 찬 삶을 경험한 'Maya Angelou'는 자신의 삶의 경험이 세상에 대한 이해를 어떻게 형성했는지에 대해 자주 이야기했습니다. 한 가지 주목할 만한 예는 젊은 시절에 분리된 남부 마을에서 살았던 그녀의 시간입니다. 어린 나이에 강간을 당한 후 Angelou는 몇 년 동안 침묵을 지켰습니다. 하지만 이 기간 동안 그녀는 문학에 대한 깊은 사랑을 키웠고 독서와 글쓰기를 통해 치유를 찾았습니다. 고통스러우면서도 고무적인 그녀의 경험은 글쓰기와 대중 연설의 많은 부분에 토대가 되었습니다. 그녀가 삶을 통해 배운 회복력, 치유, 교육의 중요성에 대한 교훈은 이후 작품에 영향을 미쳐 인간의 존엄성과 정의를 위한 심오한 목소리가 되었습니다.

그녀의 삶의 가르침은 실제 경험이 우리가 가지고 다니는 가장 가치 있는 교훈이 되는 경우가 많다는 것을 보여주는 증거입니다.

listen: 듣다 hidden: 숨겨진 voice: 목소리 broken: 깨진 promise: 약속 trust: 신뢰 rise: 오르다 tide: 조수, 파도 lift: 들어올리다 abandon: 버리다 believe: 믿다 achieve: 성취하다 wander: 방황하다 unseen: 보이지 않는 path: 길 refined: 정제된 character: 성품 shine: 빛나다 live: 살다 experience: 경험

UNIT 04 분사구문

분사구문은 문장에서 두 동작이나 상태를 하나의 문장으로 연결할 때 사용됩니다. 일반적으로, 문장에서 주어가 같을 때 동사의 분사형을 사용하여 두 가지 동작을 간결하게 표현할 수 있습니다. 예를 들어, "Walking down the street, I saw a cat."는 "I was walking down the street, and I saw a cat."와 같은 의미를 가집니다. 분사구문은 문장을 더 짧고 자연스럽게 만들 수 있게 도와줍니다.

Driven by passion, one achieves the impossible.
- Anthony Robbins

열정에 이끌려온 사람은 불가능한 것도 성취할 수 있다.

1. **Living with purpose**, one discovers the meaning of life.
   - Wes Fesler

   목적을 가지고 살면서, 사람은 삶의 의미를 발견한다.

2. **Dreaming of possibilities**, the mind expands its horizons.
   - Lailah Gifty Akita

   가능성을 꿈꾸며, 마음은 자신의 경계를 확장한다.

3. **Drawn by curiosity**, the investigative mind uncovers hidden truths.
   - Isaac Asimov

   호기심에 이끌려, 탐구심 강한 마음은 숨겨진 진실을 발견한다.

4. **Seeing with the mind's eye**, one unveils hidden truths.
   - Mandy Hale

   마음의 눈으로 바라본다면, 사람은 숨겨진 진실을 드러낼 수 있다.

5 **Guided by intuition**, the insightful mind navigates uncertainty.

- *Judith Orloff*

직관에 이끌려, 통찰력 있는 마음은 불확실성을 헤쳐나간다.

6 **Fueled by resilience**, one endures life's storms.

- *Oprah Winfrey*

회복력에 힘입어 사람은 인생의 폭풍을 견딜 수 있다.

[에피소드]

역경에 직면했을 때 회복력을 발휘한 가장 주목할 만한 사례 중 하나는 '오프라 윈프리'의 말에서 따온 것으로, "회복력에 힘입어 삶의 폭풍을 견뎌낸다"는 명언에 반영되어 있습니다. 오프라의 삶은 그 자체로 이러한 철학의 증거입니다. 그녀는 가난, 학대, 차별 등 수많은 고난을 극복하고 미디어 거물이자 자선사업가가 되었습니다. 오프라는 종종 회복력의 혁신적인 힘과 힘과 결단력으로 도전에 직면하는 것이 어떻게 개인적으로 엄청난 성장을 가져올 수 있는지에 대해 이야기합니다. 어려운 어린 시절에서 세계에서 가장 영향력 있는 여성 중 한 명이 되기까지 그녀의 이야기는 이 인용문의 원리를 보여주는 강력한 예가 됩니다. 이는 오프라 자신이 자신의 삶의 업무와 공개적인 내러티브를 통해 구현한 것으로, 삶의 도전을 견딜 수 있는 역량과 권한 부여를 지속적으로 옹호하고 있습니다.

---

drive: 이끌다 passion: 열정 achieve: 성취하다 impossible: 불가능한 purpose: 목적 discover: 발견하다 meaning: 의미 dream: 꿈꾸다 possibility: 가능성 expand: 확장하다 horizon: 지평선 draw: 이끌다 curiosity: 호기심 uncover: 발견하다 truth: 진실 unveil: 드러내다 guide: 안내하다 intuition: 직관 navigate: 헤쳐나가다 fuel: 연료를 공급하다 resilience: 회복력 endure: 견디다 storm: 폭풍

확인테스트

A 다음 중 괄호 안에서 알맞은 것을 고르시오.

1. A (loved, loving) heart is the truest wisdom.
   사랑하는 마음이 가장 진실한 지혜이다.

2. Time (has, is) shown us who the true heroes are.
   시간은 우리에게 진정한 영웅이 누구인지 보여주었다.

3. The (isnpired, inspiring) words of a leader can change the course of history.
   지도자의 영감을 주는 말은 역사의 흐름을 바꿀 수 있다.

4. (Driven, Driving) by passion, one achieves the impossible.
   열정에 이끌려온 사람은 불가능한 것도 성취할 수 있다.

B 다음 중 해석에 맞게 틀린 부분을 바르게 고치시오

1. 살아낸 경험이 가장 훌륭한 스승이다.
   A living experience is the best teacher.
   _____ → _____

2. 경청하는 귀는 숨겨진 목소리를 듣는다.
   A listening ear hears the hiding voice.
   _____ → _____

3. 낭비된 시간은 존재일 뿐이고; 사용된 시간이 삶이다.
   Time wasted is existence; using is life.
   _____ → _____

4. 나는 실패하면서 성공의 길을 걸어왔다.
   I am failed my way to success.
   _____ → _____

A 1. loving 2. has 3. inspiring 4. Driven
B 1. living, lived 2. hiding, hidden 3. using, used 4. am, have

142 명문법 - 명언으로 배우는 영문법

Review

01 분사의 형태와 의미

1) 분사는 동사에서 파생된 형태로 주로 형용사와 같은 역할을 한다.
2) 현재분사(-ing 형태)는 진행 중인 동작이나 상태를 나타낸다.
3) 과거분사(-ed 형태)는 완료된 동작이나 상태를 나타낸다.

02 분사의 동사적 용법

1) 분사의 동사적 용법은 be동사와 함께 쓰여 진행형과 완료형을 만든다.
2) 진행형은 'be동사 + 현재분사(-ing)'의 형태로 동작이 진행 중임을 나타낸다.
3) 완료형은 'have/has/had + 과거분사(-ed/-en)'의 형태로 동작이 완료되었음을 나타낸다.

03 분사의 형용사적 용법

1) 분사의 형용사적 용법은 분사가 명사를 수식하여 형용사의 기능을 하는 것을 말한다.
2) 현재분사(동사원형 + -ing)는 계속 진행 중이거나 습성을 나타내는 명사를 수식한다.
3) 과거분사(동사원형 + -ed/-en)는 과거에 완료된 행동이나 상태를 나타내는 명사를 수식한다.

04 분사구문

1) 분사구문은 문장에서 두 동작이나 상태를 하나의 문장으로 연결할 때 사용된다.
2) 일반적으로, 문장에서 주어가 같을 때 동사의 분사형을 사용하여 두 가지 동작을 간결하게 표현할 수 있다.

명문법 - 명언으로 배우는 영문법

CHAPTER
13

문장의 종류

> 문장의 종류가 여러 가지 있지만 크게
> 평서문, 부정문, 의문문, 부가의문문, 명령문, 감탄문 등이 있다.
> 일반적인 문장은 평서문이다.
> 부가의문문은 확인을 구할 때 말미에 붙이는 표현이다.
> 명령문은 상대에게 무언가를 시키는 문장이고
> 감탄문은 말 그대로 감탄하는 문장이다.

UNIT 01 평서문

평서문은 사실이나 의견, 생각 등을 전달하기 위해 사용되는 문장 형태입니다. 이 문장은 주어와 동사의 순서가 고정되어 있으며, 일반적으로 마지막에 마침표를 사용하여 끝납니다. 예를 들어, "She is reading a book."은 누군가가 책을 읽고 있다는 사실을 간단하게 전달하는 평서문입니다.

A book is a dream that you hold in your hands.
- *Neil Gaiman*

책은 손안에 쥐고 있는 꿈이다.

1. The whole duty of humanity is to know God and to show God.
- *James Patterson*

인류의 모든 의무는 하나님을 알고 보여주는 것이다.

2. You can make it if you try. Don't give up or quit the fight.
- *Robert Karl Hanson*

노력하면 해낼 수 있다. 포기하지 말고 싸움을 멈추지 말라.

3. You only live once, but if you do it right, once is enough.
- *Mae West*

인생은 한 번뿐이지만, 제대로 살면 한 번이면 충분하다.

4. You miss 100% of the shots you don't take.   - *Wayne Gretzky*

시도하지 않는 모든 기회는 100% 놓친다.

5. Shame leads to secrets, and secrets lead to lies, and lies ruin everything.
- *Stephanie Perkins*

수치는 비밀로 이어지고, 비밀은 거짓말로 이어지며, 거짓말은 모든 것을 망친다.

6   Success is not final, failure is not fatal: It is the courage to
    continue that counts.   - Winston Churchill

성공은 끝이 아니며, 실패는 치명적이지 않다. 중요한 것은 계속할 용기다.

[에피소드]

이 명언은 '윈스턴 처칠'이 어려운 시기, 특히 제2차 세계대전 중에 보여준 인내와 회복력을 반영합니다. 주목할 만한 에피소드 중 하나는 1941년 전쟁의 압도적인 압박에도 불구하고 유명한 연설을 했을 때입니다. 영국이 치명적인 손실에 직면해 있던 시기에 처칠은 영국에 성공은 일시적이고 실패는 영구적이지 않지만 가장 중요한 요소는 용기를 유지하고 계속 나아가는 것이라고 강조했습니다. 이러한 태도로 강조된 그의 리더십은 사기를 진작시키고 결국 영국을 승리로 이끄는 데 중추적인 역할을 했습니다.

---

book: 책 dream: 꿈 hold: 쥐다 duty: 의무 humanity: 인류 try: 노력하다 give up: 포기하다 quit: 멈추다 fight: 싸움 live: 살다 once: 한 번 enough: 충분한 miss: 놓치다 shot: 기회 take: 잡다 shame: 수치 secret: 비밀 lie: 거짓말 ruin: 망치다 success: 성공 final: 최종적인 failure: 실패 fatal: 치명적인 courage: 용기 continue: 계속하다 count: 중요하다

UNIT 02 명령문

명령문은 상대방에게 특정 행동을 요청하거나 지시할 때 사용하는 문장 형태입니다. 주어가 생략되어 동사의 원형으로 시작하며, 긍정문은 동사 원형으로 시작하고, 부정문은 "Don't"로 시작하여 뒤에 동사 원형을 이어서 사용합니다. 예를 들어, "Please sit down."과 같이 요청할 수도 있고, "Don't be late."처럼 금지할 수도 있습니다.

Don't let yesterday take up too much of today.
- Will Rogers

어제가 오늘을 너무 차지하지 못하게 하라.

1 Speak only if it improves upon the silence. - *Mahatma Gandhi*

침묵을 개선할 수 있을 때만 말하라.

2 Be yourself; everyone else is already taken. - *Oscar Wilde*

너 자신이 되어라. 다른 사람은 이미 존재하니까.

3 Follow your heart, but take your brain with you.
- *Alfred Adler*

당신의 마음을 따르되, 당신의 머리도 함께 가져가라.

4 Learn from yesterday, live for today, hope for tomorrow.
- *Albert Einstein*

어제로부터 배우고, 오늘을 위해 살며, 내일을 희망하라.

5 Do not let what you cannot do interfere with what you can do.
- *John Wooden*

할 수 없는 일이 할 수 있는 일에 방해가 되게 하지 말라.

6 Don't watch the clock; do what it does. Keep going.

- Sam Levenson

시계를 바라보지 말고, 시계처럼 계속 나아가라.

[에피소드]

이 명언을 말한 'Sam Levenson'은 미국의 유명한 유머 작가이자 TV 호스트였습니다. 그는 이 명언을 통해 삶에서 시간의 흐름에 얽매이기보다 끊임없이 전진하는 자세를 강조했습니다. 샘 레벤슨의 이 말은 그의 딸이 특히 힘든 시험 기간을 겪을 때에도 힘이 되었다고 합니다. 그녀는 시계를 바라보며 초조해하기보다, "시계처럼 계속 나아가라."는 아버지의 격려로 어려운 순간들을 이겨냈습니다. 이러한 태도는 많은 사람들에게도 영향을 미쳤으며, 오늘날에도 도전과 어려움을 겪을 때 큰 힘을 주는 명언으로 여겨지고 있습니다.

---

let: ~하게 하다 yesterday: 어제 take up: 차지하다 speak: 말하다 improve: 개선하다 silence: 침묵 taken: 취해진 follow: 따르다 heart: 마음 brain: 머리/뇌 learn: 배우다 live: 살다 hope: 희망하다 interfere: 방해하다 watch: 보다 clock: 시계 keep going: 계속 나아가다

UNIT 03 부가 의문문

부가의문문은 평서문이나 명령문 뒤에 짧은 의문문을 추가하여 상대방에게 확인이나 동의를 구하는 문법입니다. 평서문에서는 **be동사**가 있는 경우 **긍정문**은 "isn't it?" / "aren't they?" 형태로, **부정문**은 "is it?" / "are they?" 형태로 부가 의문문을 만들고, **일반동사**가 있는 경우에는 조동사(do, does, did)를 사용하여 부가 의문문을 만듭니다. **긍정문**은 "don't they?"와 같은 형태로, **부정문**은 "do they?"와 같이 만듭니다. 조동사가 있는 문장은 그 조동사를 사용해 부가 의문문을 구성합니다. **명령문**은 부가 의문문으로 만들 때 "will you?" 혹은 "won't you?"와 같은 형태로 사용하여 상대방의 동의를 구하거나 권유할 때 씁니다.

If you tell the truth, you don't have to remember anything, **do you?**
　　　　　　　　　　　　　　　　　　　　　　　　- Mark Twain

진실을 말하면 기억할 필요가 없죠, 그렇지 않나요?"

1 The best way to predict the future is to create it, **isn't it?**
　　　　　　　　　　　　　　　　　　　　　　　　- Abraham Lincoln
　 미래를 예측하는 가장 좋은 방법은 그것을 창조하는 것이다, 그렇지 않나요?

2 After all, tomorrow is another day, **isn't it?** - Margaret Mitchell
　 결국, 내일은 또 다른 날이잖아요, 그렇지 않나요?"

3 Don't count the days, make the days count, **will you?**
　　　　　　　　　　　　　　　　　　　　　　　　- Muhammad Ali
　 하루하루를 세지 말고, 하루하루를 소중히 만들어라, 그럴 수 있지 않겠니?

4 It's not what happens to you, but how you react to it that matters, **isn't it?**
　　　　　　　　　　　　　　　　　　　　　　　　- Epictetus
　 중요한 것은 당신에게 일어난 일이 아니라, 그것에 어떻게 반응하느냐죠, 그렇지 않나요?"

5   Nobody can make you feel inferior without your consent, can they?
    - *Eleanor Roosevelt*

    당신의 동의 없이는 아무도 당신을 열등하게 만들 수 없죠, 그렇지 않나요?"

6   The only way to have a friend is to be one, isn't it?
    - *Ralph Waldo Emerson*

    친구를 얻는 유일한 방법은 스스로 친구가 되는 것이죠, 그렇지 않나요?"

[에피소드]

'Ralph Waldo Emerson'의 작품은 호혜적 우정의 개념을 아름답게 담아냈으며 Henry David Thoreau를 비롯한 많은 사람들에게 영감을 주었습니다. Emerson의 절친한 친구였던 Thoreau는 이 아이디어의 영향을 많이 받았으며, 그들의 우정은 지적이고 정서적인 지지의 모델이 되었습니다. 그들은 초월주의와 개인적 성장에 대한 아이디어를 자주 공유하여 이 인용문에서 Emerson의 메시지가 자신의 삶에 어떻게 적용되는지 보여주었습니다. Emerson은 우정을 위해서는 양측 모두의 진정하고 적극적인 참여가 필요하다고 믿었습니다. 이 인용문은 Thoreau와의 관계를 특징짓는 상호 존중과 영감의 토대를 상징적으로 보여주었습니다.

---

truth: 진실 remember: 기억하다 predict: 예측하다 create: 창조하다 tomorrow: 내일 another: 또 다른 count: 세다/중요하다 react: 반응하다 matter: 중요하다 inferior: 열등한 consent: 동의 friend: 친구

UNIT 04 감탄문

감탄문은 감탄이나 놀라움을 표현할 때 사용하는 문장입니다. 영어 감탄문에서는 'What'이나 'How'를 문장 맨 앞에 사용합니다. 예를 들어, 명사구가 감탄의 대상이면 'What a/an 형용사 명사 (주어 동사)~!' 구조를 사용하고, 형용사나 부사와 함께 감탄할 때는 'How 형용사/부사 (주어 동사)~!' 형태로 씁니다.

What a fantastic life you could have if you believed in yourself!
 - Caroline Myss

당신이 자신을 믿는다면 얼마나 멋진 인생을 살 수 있을까요!

1. **What** a terrible waste of life it is to spend it on worrying!
 - Leonard Nimoy

 걱정하는 데 시간을 쓰는 것은 얼마나 삶을 낭비하는 일인가!

2. **How** wonderful is it that we laugh because our bodies cannot contain the joy!
 - Lewis Carroll

 우리의 몸이 기쁨을 담을 수 없어서 웃게 된다는 것은 얼마나 놀라운 일인가!

3. **How** blessed I am to have something that makes saying goodbye so hard!
 - A.A. Milne

 작별 인사를 어렵게 만드는 무언가가 있다는 것은 얼마나 축복인가!

4. **What** a terrible waste of human life that war is!
 - Winston Churchill

 전쟁이야말로 얼마나 끔찍한 인명 낭비인가!

5 How small a part of time they share that are so wondrous sweet!
　　　　　　　　　　　　　　　　　　　　　　　- William Shakespeare

얼마나 짧은 시간 동안 놀랍도록 달콤한 것을 함께 하는가!

6 What a beautiful world we would live in if we loved each other as we love ourselves!
　　　　　　　　　　　　　　　　　　　　　　　- Helen Keller

서로를 우리 자신처럼 사랑한다면 우리가 얼마나 아름다운 세상에 살게 될 것인가!

[에피소드]

이 명언은 '헬렌 켈러'가 자신의 삶을 통해 직접 실천한 가치를 반영합니다. 헬렌 켈러는 유아기에 시력과 청력을 잃었으나, 이후 스승인 앤 설리번의 도움으로 세상과 소통하는 법을 배웠습니다. 그녀는 어려운 장애를 극복한 후 다른 사람을 위한 삶을 살겠다는 결심을 했고, 평생을 인류애와 평화, 그리고 약자를 위한 활동에 헌신했습니다. 특히 약자를 돕고 서로 사랑하는 마음을 강조하며, 전쟁과 인권 문제에 대한 연설을 통해 사람들에게 큰 울림을 주었습니다. 그녀의 삶은 사랑과 이해가 사람들에게 얼마나 큰 힘과 아름다움을 줄 수 있는지를 몸소 보여준 예입니다.

---

fantastic: 환상적인 believed in: ~을 믿다 terrible: 끔찍한 waste: 낭비 spend on: ~에 쓰다 contain: 담다 joy: 기쁨 blessed: 축복받은 human life: 인명 war: 전쟁 share: 함께하다

확인테스트

A 다음 중 괄호 안에서 알맞은 것을 고르시오.

1. A book (is / has) a dream that you hold in your hands.
   책은 손안에 쥐고 있는 꿈이다.

2. (Speak, Speaking) only if it improves upon the silence.
   침묵을 개선할 수 있을 때만 말하라.

3. Don't (let, letting) yesterday take up too much of today.
   어제가 오늘을 너무 차지하지 못하게 하라.

4. The only way to have a friend is to be one, (is, isn't) it?
   친구를 얻는 유일한 방법은 스스로 친구가 되는 것이죠, 그렇지 않나요?"

B 다음 중 해석에 맞게 틀린 부분을 바르게 고치시오

1. 너 자신이 되어라. 다른 사람은 이미 존재하니까.
   Are yourself; everyone else is already taken.
   _____ → _____

2. 결국, 내일은 또 다른 날이잖아요, 그렇지 않나요?"
   After all, tomorrow is another day, is it?
   _____ → _____

3. 전쟁이야말로 얼마나 끔찍한 인명 낭비인가!
   How a terrible waste of human life that war is!
   _____ → _____

4. 시계를 바라보지 말고, 시계처럼 계속 나아가라.
   Don't be watch the clock; do what it does. Keep going.
   _____ → _____

A 1. is 2. Speak 3. let 4. isn't
B 1. Are, Be 2. is it, isn't it 3. How, What 4. be watch, whach

Review

01 평서문
1) 평서문은 사실이나 의견, 생각 등을 전달하기 위해 사용되는 문장 형태이다.
2) 주어+동사의 어순이며 마지막에 마침표를 사용하여 끝난다.

02 명령문
1) 명령문은 상대방에게 특정 행동을 요청하거나 지시할 때 사용하는 문장 형태이다.
2) 주어가 생략되어 동사의 원형으로 시작한다.
3) 긍정문은 동사 원형으로 시작하고, 부정문은 Don't+동사원형으로 시작한다.

03 부가 의문문
1) 평서문이나 명령문 뒤에 짧은 의문문을 추가하여 상대에게 확인이나 동의를 구하는 표현이다.
2) 긍정문인 경우, 부가의문문은 부정문으로 한다.
3) 부정문의 경우, 부가의문문은 긍정문으로 한다.
4) 명령문은 부가 의문문으로 만들 때 "will you?" 혹은 "won't you?"와 같은 형태이다.

04 감탄문
1) 감탄문은 감탄이나 놀라움을 표현할 때 사용하는 문장이다.
2) 'What'이나 'How'를 문장 맨 앞에 사용한다.
3) 명사구가 감탄의 대상이면 'What a/an 형용사 명사 (주어 동사)~!' 구조를 사용한다.
4) 형용사나 부사와 함께 감탄할 때는 'How 형용사/부사 (주어 동사)~!' 형태로 쓴다.

명문법 - 명언으로 배우는 영문법

CHAPTER 14

문장의 형식

지구촌 인구를 종족과 관습, 지역 등으로 나눠 구별하듯이,
영어도 크게 5가지의 형태로 구별한다.
사람을 나누는 기준 중의 하나가 피부색이라면,
'영어'의 문장을 나누는 기준은 '동사'이다.
피부색만 다를 뿐 사람은 똑같은 사람이듯
'동사'도 형태만 다를 뿐 똑같은 '동사'이다.
단지 쓰임새가 비슷한 것끼리 모아서
크게 5가지로 나눈 것뿐이다.

UNIT 01 1형식

1형식 문장은 주어(S)와 동사(V)로만 이루어진 간단한 구조로, 주어가 동사의 동작을 수행하며 문장이 완성됩니다. 주어와 동사만으로도 문장의 의미가 전달되기 때문에 목적어나 보어가 필요하지 않습니다. 예를 들어, "Birds fly."와 같은 문장은 주어(새들)가 동사(난다)를 수행하는 구조로, 이 자체로 완전한 의미를 갖는 1형식 문장입니다.

Even small victories truly **matter**.

- Michelle Obama

작은 승리조차도 진정으로 중요하다.

1 Every revolution **begins** with sparks.   - Suzanne Collins
모든 혁명은 불꽃으로부터 시작된다.

2 Every genuine passion naturally **grows**.   - Friedrich Nietzsche
모든 진정한 열정은 자연스럽게 성장한다.

3 Your inner strength always **shines**.   - Jane Goodall
당신의 내면의 힘은 항상 빛난다.

4 Real beauty eternally **glows**.   - Ralph Waldo Emerson
진정한 아름다움은 영원히 빛난다.

5 Great ideas always **survive**.   - Albert Einstein
위대한 아이디어는 항상 살아남는다.

6 True friendship never **perishes**.   - Marcus Tullius Cicero
진정한 우정은 결코 사라지지 않는다.

[에피소드]

이 명언은 진정한 우정의 영원한 본질을 강조합니다. 역사에서 유래한 유명한 예로 'Cicero'와 그의 가까운 동맹인 'Atticus'의 우정을 들 수 있습니다. Cicero는 고대 로마에서 직면한 정치적 혼란과 도전에도 불구하고 평생 동안 두 사람의 우정은 굳건했습니다. Cicero는 어려운 시기에 종종 Atticus에게 조언과 지원을 요청하며, 그들의 유대감이 끊임없이 변화하는 로마 공화국의 정치 지형을 어떻게 뛰어넘었는지 보여주었습니다. Cicero는 개인적 상실과 망명에 직면했지만, 그와 Atticus가 주고받은 편지는 그들의 깊은 우정이 얼마나 안정과 정서적 힘의 원천이 되었는지를 반영합니다. 이는 Cicero가 Atticus와 겪은 우정과 같은 진정한 우정이 인용문에서 알 수 있듯이 시간과 역경의 시험을 얼마나 견딜 수 있는지 보여줍니다.

---

small: 작은 victory: 승리 matter: 중요하다 begin: 시작하다 spark: 불꽃 revolution: 혁명 genuine: 진정한 passion: 열정 naturally: 자연스럽게 grow: 성장하다 inner: 내면의 strength: 힘 always: 항상 shine: 빛나다 beauty: 아름다움 eternally: 영원히 glow: 빛나다 idea: 아이디어 survive: 살아남다 friendship: 우정 never: 결코 perish: 사라지다

UNIT 02 2형식

2형식 동사는 주어와 보어를 연결해주는 동사로, be동사(am, is, are, was, were)와 자동사(become, get, grow, turn, feel, look, seem, appear, remain, stay, keep 등)가 이에 해당합니다. 이러한 동사들은 '주어 + 동사 + 보어'의 형태로 사용되며, 보어는 주어의 상태나 성질을 설명하는 형용사나 명사가 됩니다. 예를 들어, "She became a doctor."나 "The weather remains cold."와 같이 사용되며, 이때 'doctor'와 'cold'는 각각 보어로 쓰입니다.

The mind **remains** strong when the purpose **is** clear.
- *Bruce Lee*

목적이 분명할 때 마음은 강하게 유지된다.

1 Truth **is** rarely pure and never **grows** simple.   - *Oscar Wilde*
   진실은 거의 순수하지 않으며 결코 단순해지지 않는다.

2 Dreams **become** reality when passion **stays** alive.
   - *Walt Disney*
   열정이 살아있을 때 꿈은 현실이 된다.

3 True wisdom **appears** simple but **grows** profound.
   - *Confucius*
   진정한 지혜는 단순해 보이지만 심오해진다.

4 Life **seems** difficult until it **gets** meaningful.
   - *Viktor Frankl*
   삶은 의미를 가질 때까지는 어려워 보인다.

5   Great leaders are born ordinary but **become extraordinary**.
- John C. Maxwell

위대한 지도자들은 평범하게 태어나지만 비범해진다.

6   Innovation **keeps fresh** when imagination **stays wild**.
- Steve Jobs

상상력이 자유로울 때 혁신은 신선함을 유지한다.

[에피소드]

'Steve Jobs'의 창의적인 사고방식과 상상력은 애플(Apple) 제품 혁신의 핵심이었습니다. 특히, 1984년 애플이 출시한 최초의 매킨토시 컴퓨터는 그가 기술을 예술로 재창조하려는 열망의 결과였습니다. 당시 대부분의 컴퓨터는 기술 전문가만 사용할 수 있는 복잡한 기계였지만, 매킨토시는 직관적인 그래픽 사용자 인터페이스와 마우스를 도입하여 일반 대중도 쉽게 사용할 수 있게 했습니다. 이는 그의 "상상력을 자유롭게 유지하라"는 철학이 실현된 대표적인 사례로, 오늘날까지도 애플 제품 혁신에 큰 영향을 끼치고 있습니다. Jobs는 아이디어를 얻기 위해 끊임없이 다양한 영역을 탐구했으며, 동료들과 치열하게 토론하며 상상력을 독려했습니다. 그의 이러한 접근 방식은 "혁신과 상상력의 조화"를 통해 지속적인 성공을 이루는 데 중요한 교훈을 제공합니다.

---

mind: 마음 remain: 유지하다 strong: 강하다 purpose: 목적 clear: 분명하다 truth: 진실 pure: 순수한 simple: 단순한 dream: 꿈 become: 되다 reality: 현실 passion: 열정 stay: 머무르다 alive: 살아있는 wisdom: 지혜 appear: 보이다 grow: 성장하다 profound: 심오한 life: 삶 seem: 보이다 difficult: 어려운 get: 얻다 meaningful: 의미있는 leader: 지도자 ordinary: 평범한 become: 되다 extraordinary: 비범한 innovation: 혁신 keep: 유지하다 fresh: 신선한 imagination: 상상력 wild: 자유로운

UNIT 03 3형식, 4형식

3형식 문장은 **주어(S) + 동사(V) + 목적어(O)**로 구성된 문장 구조입니다. 여기서 동사가 하나의 목적어를 필요로 하며, 주로 "~을/를"로 해석됩니다. 예를 들어, "She reads a book."에서 reads는 book이라는 목적어를 받아 동작을 완성합니다.

4형식 문장은 **주어(S) + 동사(V) + 간접 목적어(IO) + 직접 목적어(DO)**로 구성됩니다. 이 구조는 "~에게 ~을/를"로 해석되며, 주로 누군가에게 무언가를 주거나 전달할 때 사용됩니다. 예를 들어, "He gave her a gift."에서 gave는 her (간접 목적어)와 a gift (직접 목적어)를 모두 필요로 합니다.

Doubt **kills** more **dreams** than failure ever will.

- Suzy Kassem

의심이 실패보다 더 많은 꿈을 죽인다.

1. Experience **teaches** only **the teachable**.　　　- Aldous Huxley

   경험은 배울 준비가 된 사람에게만 가르침을 준다.

2. Love **conquers** all **things**; let us too surrender to love.

   - Virgil

   사랑은 모든 것을 정복한다. 우리도 사랑에 굴복하자.

3. A book **gives us empathy** by taking us outside ourselves.

   - Azar Nafisi

   책은 우리를 우리 자신 밖으로 데려가 공감을 준다.

4. A friend **gives you courage** to be who you truly are.

   - Jim Morrison

   친구는 당신이 진정으로 누구인지 될 용기를 준다.

5 Time **changes everything** except something within us which is always surprised by change.   - *Thomas Hardy*

시간은 우리 안의 모든 것을 바꾸지만, 변화에 항상 놀라는 무언가를 남겨둔다.

6 Failure **gives us the opportunity** to begin again more intelligently.   - *Henry Ford*

실패는 우리에게 더 지혜롭게 다시 시작할 기회를 준다.

[에피소드]

'헨리 포드'는 처음 자동차 산업에 뛰어들었을 때 여러 번 실패를 경험했습니다. 그의 첫 번째 자동차 회사는 시장의 관심을 끌지 못해 파산했고, 두 번째 사업 역시 운영에 어려움을 겪으며 실패로 끝났습니다. 그러나 포드는 실패를 단순히 좌절로 여기지 않고 교훈을 얻는 기회로 삼았습니다. 실패를 통해 배운 경험을 바탕으로 그는 한층 더 혁신적이고 효율적인 생산 방식을 도입했습니다. 결국, 그는 오늘날 세계에서 가장 영향력 있는 자동차 제조업체 중 하나로 알려진 포드 모터 회사를 성공적으로 설립하게 됩니다.

이 이야기는 실패가 끝이 아닌 배움의 기회로 작용할 수 있음을 잘 보여줍니다. 실패를 겪을 때마다 그는 더 현명하게 다시 시작할 수 있었으며, 결국 포드는 실패를 통해 자동차 산업에 지대한 영향을 미친 인물이 되었습니다.

---

doubt: 의심 kill: 죽이다 dream: 꿈 failure: 실패 experience: 경험 teach: 가르치다 teachable: 배울 수 있는 love: 사랑 conquer: 정복하다 thing: 사물 surrender: 굴복하다 book: 책 give: 주다 empathy: 공감 friend: 친구 courage: 용기 truly: 진정으로 time: 시간 change: 바꾸다 everything: 모든 것 within: ~안에 surprise: 놀라게 하다 opportunity: 기회 begin: 시작하다 intelligently: 지혜롭게

UNIT 04 5형식

5형식 문장은 **주어(S) + 동사(V) + 목적어(O) + 보어(C)**의 구조를 가집니다. 여기서 보어는 목적어에 대한 추가 정보를 제공하는 역할을 합니다. 보어는 명사, 형용사, 또는 동사의 종류에 따라서 to부정사, 현재분사, 과거분사나 원형부정사일 수 있으며, 목적어가 무엇인지를 설명하거나 그 상태를 나타냅니다. 예를 들어, "She made me happy."에서 "me"는 목적어이고, "happy"는 보어로, "me"의 상태를 설명합니다.

Knowledge makes life beautiful.   - Socrates

지식은 삶을 아름답게 만든다.

1. Faith kept me consider life beautiful.   - Anne Frank
신념은 내가 삶을 아름답다고 여기도록 유지시켰다.

2. Time has made me its prisoner.   - Virginia Woolf
시간은 나를 그것의 죄수로 만들었다.

3. Destiny expects heroes to endure.   - Marcus Aurelius
운명은 영웅들이 인내하기를 기대한다.

4. Truth keeps justice rolling.   - Martin Luther King Jr.
진실은 정의가 흘러가게 한다.

5. Courage enables people to dream.   - Walt Whitman
용기는 사람들이 꿈꾸도록 한다.

6. Success makes people your enemies.   - Frank Herbert
성공은 사람들을 당신의 적으로 만든다.

[에피소드]

이 명언은 성공이 때로는 갈등을 일으킬 수 있음을 강조합니다. 이는 실제로 많은 사람들에게 성공이란 단지 개인의 성취일 뿐만 아니라 주변 사람들과의 관계에도 영향을 미친다는 것을 의미합니다. 예를 들어, 한 유명한 기업가가 자신의 사업을 키워 성공을 거두었을 때, 그는 자주 과거의 친구들이나 동료들과 갈등을 겪곤 했습니다. 성공이 오히려 일부 사람들에게는 경쟁심을 불러일으켜 적대감을 일으킬 수 있다는 사실을 겪은 것입니다. 하지만 그 기업가는 이를 극복하며 더욱 강한 리더십을 발휘하게 되었습니다. 이와 같이 성공이 가져오는 어려움은 그 자체로 사람을 성장시키는 계기가 될 수 있습니다.

knowledge: 지식 make: 만들다 life: 삶 beautiful: 아름다운 faith: 신념 keep: 유지하다 consider: 여기다 time: 시간 make: 만들다 prisoner: 죄수 destiny: 운명 expect: 기대하다 hero: 영웅 endure: 견디다 truth: 진실 keep: 유지하다 justice: 정의 rolling: 흘러가다 courage: 용기 enable: 할 수 있게 하다 people: 사람 dream: 꿈 success: 성공 make: 만들다 enemy: 적

확인테스트

A 다음 중 괄호 안에서 알맞은 것을 고르시오.

1. Even small victories truly (matter, to matter, mattering).
   작은 승리조차도 진정으로 중요하다.

2. True friendship never (perish, perishes).
   진정한 우정은 결코 사라지지 않는다.

3. The mind remains (strong, strongly) when the purpose is clear.
   목적이 분명할 때 마음은 강하게 유지된다.

4. Courage enables people (dream, to dream).
   용기는 사람들이 꿈꾸도록 한다.

B 다음 중 해석에 맞게 틀린 부분을 바르게 고치시오

1. 당신의 내면의 힘은 항상 빛난다.
   Your inner strength always shinning.
   _____ → _____

2. 진정한 지혜는 단순해 보이지만 심오해진다.
   True wisdom appears simple but growing profound.
   _____ → _____

3. 상상력이 자유로울 때 혁신은 신선함을 유지한다.
   Innovation keeps freshly when imagination stays wild.
   _____ → _____

4. 지식은 삶을 아름답게 만든다.
   Knowledge makes life beautifully.
   _____ → _____

A 1. matter 2. perishes 3. strong 4. to dream
B 1. shinning, shines 2. growing, grows 3. fresh, freshly 4. beautifully, beautiful

Review

01 1형식

1) 1형식 문장은 주어(S)와 동사(V)로만 이루어진 간단한 구조이다.
2) 주어와 동사만으로도 문장의 의미가 전달되기 때문에 목적어나 보어가 필요하지 않다.

02 2형식

1) 2형식 문장의 동사는 주어와 보어를 연결해주는 동사이다.
2) be동사(am, is, are, was, were)와 자동사(become, get, grow, turn, feel, look, seem, appear, remain, stay, keep 등)가 이에 해당한다.
3) 이러한 동사들은 '주어 + 동사 + 보어'의 형태로 사용되며, 보어는 주어의 상태나 성질을 설명한다.

03 3형식, 4형식

1) 3형식 문장은 주어(S) + 동사(V) + 목적어(O)로 구성된 문장 구조이다.
2) 3형식은 동사가 하나의 목적어를 필요로 하며, 주로 "~을/를"로 해석된다.
3) 4형식 문장은 주어(S) + 동사(V) + 간접 목적어(IO) + 직접 목적어(DO)로 구성된다.
4) "~에게 ~을/를"로 해석되며, 주로 누군가에게 무언가를 주거나 전달할 때 사용된다.

04 5형식

1) 5형식 문장은 주어(S) + 동사(V) + 목적어(O) + 보어(C)의 구조를 가진다.
2) 보어는 목적어에 대한 추가 정보를 제공하는 역할을 한다.
3) 보어는 동사의 종류에 따라서 to부정사, 현재분사, 과거분사나 원형부정사일 수 있다.

명문법 - 명언으로 배우는 영문법

CHAPTER 15

비교급

사람을 비교할 때 우리말은
'~더' 혹은 '~보다 더'와 같은 말을 덧붙여서 서로의 차이를 나타낸다.
하지만, 영어는 비교의 내용에 따라 표현하는 방법이 3가지가 있다.
둘을 비교하여 '~와 같은 정도로 ~'라는 뜻을 나타내는 <원급>,
둘을 비교하여 '~보다'라는 뜻의 <비교급>,
셋 이상의 것을 비교하여 '~중에서 최고 ~'라는 뜻의 <최상급>

as + 원급 + as

as + 원급 + as 구문은 두 대상이 "동등한 정도로" 무엇을 가지고 있거나 하지 않음을 나타낼 때 사용합니다. as + 형용사/부사 원급 + as의 구조로 사용되며, 중간에 들어가는 형용사나 부사의 원형이 두 대상의 속성이나 상태를 비교하게 합니다. 예를 들어, "She is as tall as her brother."라는 문장은 "그녀는 그녀의 남동생만큼 키가 크다."는 뜻으로, 두 사람의 키가 같다는 것을 나타냅니다.

A friend to all is as loyal as none.   - *Aristotle*

모두에게 친구가 되는 사람은 아무에게도 충실하지 않다.

1   The truth is rarely pure and never as simple as it seems.
- *Oscar Wilde*

진실은 좀처럼 순수하지 않고 보이는 것만큼 단순하지 않다.

2   A goal without a plan is as useless as a car without fuel.
- *Steve Maraboli*

계획이 없는 목표는 연료 없는 차만큼 쓸모없다.

3   Life is as unpredictable as the wind.   - *William Wordsworth*

인생은 바람처럼 예측할 수 없다.

4   Time is as free as the air, yet few value it as much as gold.
- *James Lendall Basford*

시간은 공기만큼이나 자유롭지만, 금만큼 가치 있게 여기는 사람은 거의 없다.

5   You are as young as your faith and as old as your doubt.
                                                    - Samuel Ullman

당신은 당신의 믿음만큼 젊고 의심만큼 늙는다.

6   A man is as happy as he makes up his mind to be.
                                                    - Abraham Lincoln

사람은 마음먹은 만큼 행복하다.

[에피소드]

이 명언은 자신의 삶을 어떻게 바라보고 어떤 태도로 살아갈 것인가를 결정하는 것은 우리 자신에게 달려 있다는 점을 강조한 말입니다. 링컨은 그의 정치 경력 동안 수많은 실패와 도전에 직면했지만, 그럼에도 불구하고 자신만의 신념과 긍정적인 마음가짐을 유지하려고 노력했습니다. 그는 미국의 대통령이 되기 전 여러 번의 선거에서 패배를 겪었고, 심지어는 가정적으로도 많은 아픔과 어려움을 겪었지만, 항상 "행복은 내가 선택하는 것"이라는 마음으로 자신의 길을 걸어갔습니다. 그의 이 명언은 힘든 상황에서도 자신의 생각과 태도를 긍정적으로 유지하려는 의지를 보여주며, 많은 이들에게 삶을 더 나은 방향으로 이끄는 지침이 되었습니다.

friend: 친구 all: 모두 loyal: 충실한 truth: 진실 pure: 순수한 simple: 단순한 seem: 보이다 goal: 목표 plan: 계획 useless: 쓸모없는 car: 차 fuel: 연료 life: 삶 unpredictable: 예측할 수 없는 wind: 바람 free: 자유로운 few: 거의 없는 것 value: 가치있다 gold: 금 young: 젊은 faith: 믿음 old: 늙은 doubt: 의심 happy: 행복한 make: 만들다 mind: 마음

UNIT 02 비교급

비교급 구문은 두 가지 대상을 비교할 때 사용하는 표현입니다. 기본적으로 "A is more (형용사) than B" 또는 "A is (형용사)-er than B" 형태로, A가 B보다 더 어떤 특성을 가진다는 의미를 나타냅니다. 예를 들어, "Tom is taller than John."은 톰이 존보다 키가 크다는 뜻입니다. 이 구문을 통해 대상을 명확하게 비교하며 상대적인 차이를 표현할 수 있습니다.

A good reputation is **more valuable than** money.
- Publilius Syrus

좋은 평판은 돈보다 더 가치 있다.

1. Nothing is **more powerful than** an idea whose time has come.
- Victor Hugo

때가 된 아이디어보다 강력한 것은 없다.

2. It is **more** blessed to give **than** to receive.
- Jesus Christ

주는 것이 받는 것보다 더 복되다.

3. It is **better** to fail in originality **than** to succeed in imitation.
- Herman Melville

모방에서 성공하는 것보다 독창성에서 실패하는 것이 더 낫다.

4. There are few things **more powerful than** the faithful prayers of a righteous person.
- James, the Apostle

의로운 사람의 신실한 기도보다 더 강력한 것은 거의 없다.

5. **Better** a diamond with a flaw **than** a pebble without one.
- Confucius

결점이 있는 다이아몬드가 결점 없는 조약돌보다 낫다.

6 It is easier to build strong children than to repair broken men.

- Frederick Douglass

무너진 사람을 고치는 것보다 강한 아이를 키우는 것이 더 쉽다.

[에피소드]

이 명언은 그의 경험과 삶에서 비롯되었습니다. 'Douglass'는 노예제도 하에서 태어나 끔찍한 학대를 겪었으며, 그 경험이 그가 어린 시절부터 교육의 중요성을 깨닫는 계기가 되었습니다. 그는 노예제도에 반대하며 자유와 평등을 위한 운동에 헌신했으며, 특히 어린이 교육과 정신적, 도덕적 성장을 강조했습니다.

이 명언은 아이들에게 올바른 가치와 강한 정신을 심어주는 것이, 잘못된 길로 들어선 어른들의 삶을 회복하는 것보다 훨씬 효율적이고 중요하다는 그의 철학을 담고 있습니다. 이는 Douglass가 자신의 자서전과 연설에서 자주 언급했던 핵심 주제이기도 했습니다.

reputation: 평판 valuable: 가치있는 money: 돈 nothing: 아무것도 없는 powerful: 강력한 blessed: 축복받은 receive: 받다 better: 더 좋은 fail: 실패하다 originality: 독창성 succeed: 성공하다 imitation: 모방 prayer: 기도 righteous: 의로운 diamond: 다이아몬드 flaw: 결점 pebble: 조약돌 easier: 더 쉬운 build: 건설하다 strong: 강한 repair: 고치다 broken: 무너진

UNIT 03 최상급

최상급 구문은 여러 대상 중에서 가장 높은 정도를 표현할 때 사용됩니다. 보통 "the"와 함께 형용사나 부사의 최상급 형태를 사용하며, "the most," "the best," "the worst" 등이 자주 쓰입니다. 예를 들어, "She is the smartest in the class."는 "그녀가 반에서 가장 똑똑하다."는 뜻으로, 여러 사람 중에서 그 사람이 가장 뛰어난 수준임을 강조합니다.

The darkest hour has only sixty minutes.

- Morris Mandel

가장 어두운 시간도 단 60분밖에 되지 않는다.

1. The most powerful weapon on earth is the human soul on fire.
- Ferdinand Foch

지구상에서 가장 강력한 무기는 불타는 인간의 영혼이다.

2. Imagination is the highest form of research. - Albert Einstein

상상력은 연구의 가장 높은 형태이다.

3. The most wasted of days is one without laughter.
- E.E. Cummings

가장 낭비된 날은 웃음이 없는 날이다.

4. The latest technology is not always the greatest solution.
- Bill Gates

최신 기술이 항상 가장 훌륭한 해결책은 아니다.

5. It is the greatest of all mistakes to do nothing because you can only do little.
- Sydney Smith

적게만 할 수 있다고 해서 아무것도 하지 않는 것은 가장 큰 실수다.

6   The bravest sight in the world is to see a great man struggling against adversity.   - *Seneca*

세상에서 가장 용감한 광경은 위대한 사람이 역경과 싸우는 것을 보는 것이다.

[에피소드]

정치가였던 'Seneca'는 황제 Nero의 스승이었지만, 후에 Nero에 의해 자살을 강요받는 비극적 상황에 처했습니다. 그러나 그는 이 극한의 상황에서도 철학자로서의 품위를 잃지 않았고, 제자들과 마지막까지 철학적 대화를 나누었다고 합니다. 특히 이 명언은 Seneca가 젊은 시절 만성 천식으로 고통받으면서도 끊임없이 공부하고 저술 활동을 했던 자신의 경험에서도 비롯되었습니다. 그는 자신의 건강 문제를 극복하는 과정에서, 역경과 싸우는 것이 단순한 고통이 아니라 인간의 위대함을 보여주는 기회가 될 수 있다는 것을 깨달았습니다. 이러한 개인적 체험은 그의 스토아 철학의 핵심이 되었고, 후대에 많은 영향을 미쳤습니다.

---

darkest: 가장 어두운 powerful: 강력한 weapon: 무기 earth: 지구 human: 인간의 soul: 영혼 imagination: 상상력 highest: 가장 높은 form: 형태 research: 연구 wasted: 낭비된 laughter: 웃음 latest: 최신의 technology: 기술 solution: 해결책 greatest: 가장 위대한 mistake: 실수 bravest: 가장 용감한 sight: 광경 world: 세상 great: 위대한 struggle: 싸우다 adversity: 역경

UNIT 04 비교의 관용표현

the 비교급 주어 동사, the 비교급 주어 동사: 이 구문은 두 가지 사건이나 상황이 동시에 더 강하게 일어날 때 사용됩니다. 예를 들어, The harder you work, the more you will achieve.(더 열심히 일할수록, 더 많은 것을 이룬다.) 두 동작이 서로 영향을 주는 구조입니다.

비교급 and 비교급: 이 구문은 점진적인 증가나 변화를 나타내는 표현할 때 사용됩니다. 예를 들어, These days, people read less and less.(요즘 사람들은 점점 책을 덜 읽는다.)와 같이 사용되어 점진적으로 책을 읽는 일이 줄어드는 변화를 나타내는 의미입니다.

one of the 최상급 + 복수명사: 이 구문은 많은 것 중에서 최상급을 나타내는 표현으로, one of the best books(가장 좋은 책들 중 하나)와 같이 사용됩니다.

the 서수 + 최상급: 서수와 최상급을 결합하면, 특정 순서에서 가장 중요한 것을 나타낼 때 사용합니다. 예: the first greatest achievement (첫 번째로 가장 큰 업적)

비교급 + than any other + 단수명사: 이 구문은 특정 항목이 다른 어떤 것보다 더 뛰어나다는 의미를 나타냅니다. 예: This is better than any other idea. (이것은 다른 어떤 아이디어보다 더 좋다.)

Nothing + 비교급: 이 구문은 비교급을 사용해서 "~보다 더 한 것은 없다"는 최상급의 의미를 나타냅니다. 예: Nothing is sweeter than success. (성공보다 더 달콤한 것은 없다.)

Time is **one of the most** precious gifts in life.

- *Oprah Winfrey*

시간은 인생에서 가장 소중한 선물들 중 하나이다.

1 **The harder** the conflict, **the more** glorious the triumph.

- *Thomas Paine*

갈등이 심할수록, 승리는 더욱 영광스럽다.

2 Knowledge is **more valuable than any other possession** in life.

- *Socrates*

지식은 인생의 다른 어떤 소유물보다 더 가치 있다.

3. Gratitude is one of **the strongest and most transformative** states of being. - *Deepak Chopra*
   감사함은 가장 강력하고 가장 변화를 일으키는 상태들 중 하나이다.

4. Life becomes **easier and more beautiful** when we can see the good in other people. - *Roy T. Bennett*
   다른 사람들의 좋은 면을 볼 수 있을 때 삶은 더 쉽고 더 아름다워진다.

5. **The more** we learn, **the more** we discover our ignorance. - *Percy Bysshe Shelley*
   더 많이 배울수록, 우리는 우리의 무지를 더 많이 발견한다.

6. **Nothing** is **more dangerous than** ignorance and intolerance armed with power. - *Voltaire*
   권력으로 무장한 무지와 편협함보다 더 위험한 것은 없다.

[에피소드]

1762년, '볼테르'는 '장 칼라스(Jean Calas)'라는 프랑스 개신교도의 부당한 처형 사건을 접하게 됩니다. 당시 프랑스에서는 가톨릭이 지배적이었고, 종교적 편견이 만연했습니다. 칼라스의 아들이 자살했는데, 지역 당국은 아버지인 칼라스가 아들이 가톨릭으로 개종하려 했다는 이유로 살해했다고 잘못된 판단을 내립니다.
볼테르는 이 사건의 부당함을 깨닫고, 3년 동안 끊임없이 칼라스의 무죄를 입증하기 위해 노력했습니다. 그는 수많은 편지를 쓰고, 영향력 있는 인사들을 설득했으며, 결국 1765년에 칼라스의 무죄가 인정되었습니다.
이 사건을 통해 볼테르는 권력과 결합된 무지와 편견이 얼마나 무서운 결과를 낳을 수 있는지를 직접 목격했고, 이것이 그의 유명한 명언의 배경이 되었습니다. 이 일화는 정의와 진실을 위해 싸운 한 지식인의 용기있는 행동을 보여주는 중요한 역사적 사례가 되었습니다.

---

precious: 소중한 conflict: 갈등 glorious: 영광스러운 triumph: 승리 gratitude: 감사함 transformative: 변화를 일으키는 state: 상태 possession: 소유물 knowledge: 지식 dangerous: 위험한 ignorance: 무지 intolerance: 편협함 armed with: ~로 무장한 power: 권력

확인테스트

A 다음 중 괄호 안에서 알맞은 것을 고르시오.

1. A friend to all is as loyal (as, than) none.
   모두에게 친구가 되는 사람은 아무에게도 충실하지 않다.

2. A good reputation is (as, more) valuable than money.
   좋은 평판은 돈보다 더 가치 있다.

3. The harder the conflict, (more, the more) glorious the triumph.
   갈등이 심할수록, 승리는 더욱 영광스럽다.

4. (Darkest, The darkest) hour has only sixty minutes.
   가장 어두운 시간도 단 60분밖에 되지 않는다.

B 다음 중 해석에 맞게 틀린 부분을 바르게 고치시오

1. 사람은 마음먹은 만큼 행복하다.
   A man is happy as he makes up his mind to be.
   _____ → _____

2. 가장 낭비된 날은 웃음이 없는 날이다.
   A most wasted of days is one without laughter.
   _____ → _____

3. 시간은 인생에서 가장 소중한 선물들 중 하나이다.
   Time is one of most precious gifts in life.
   _____ → _____

4. 더 많이 배울수록, 우리는 우리의 무지를 더 많이 발견한다.
   The more we learn, more we discover our ignorance.
   _____ → _____

A 1. as 2. more 3. the more 4. The darkest
B 1. happy, as happy 2. A, The 3. most, the most 4. more, the more

Review

01 as + 원급 + as

1) 두 대상이 "동등한 정도로" 무엇을 가지고 있거나 하지 않음을 나타낼 때 사용한다.
2) as + 형용사/부사 원급 + as의 구조로 사용된다.
3) 중간에 들어가는 형용사나 부사의 원형이 두 대상의 속성이나 상태를 비교하게 된다.

02 비교급

1) 두 가지 대상을 비교할 때 사용하는 표현이다.
2) A is more (형용사) than B 또는 A is (형용사)-er than B 형태이다.
3) A가 B보다 더 어떤 특성을 가진다는 의미를 나타낸다.

03 최상급

1) 최상급 구문은 여러 대상 중에서 가장 높은 정도를 표현할 때 사용된다.
2) 보통 "the"와 함께 형용사나 부사의 최상급 형태를 사용한다.
3) "the most," "the best," "the worst" 등이 자주 쓰인다.

04 비교의 관용표현

the 비교급 주어 동사, the 비교급 주어 동사: ~할수록 더 ...하다
비교급 and 비교급: 점점 더 ~해진다
one of the 최상급 + 복수명사: 가장 ~한 것중 하나
the 서수 + 최상급: 특정 순서에서 가장 중요한 것을 나타낼 때 사용한다.
비교급 + than any other + 단수명사: 다른 어떤 ~보다 더 ...한

명문법 - 명언으로 배우는 영문법

CHAPTER 16

접속사

'견우와 직녀'를 만나게 한 까마귀들이 만들어낸
'오작교'라는 다리처럼, 서로를 연결해주는 것이 많다.
인터넷, 전화, 다리 등등….
이런 것들은 그 모양과 형태가 달라도 그 역할은 비슷하다.
사람과 사람, 지역과 지역을 연결해 주는 것이다.
영어에서도 단어와 단어, 문장과 문장을 연결해 주는 것이 있다.
이렇게 연결해 주는 단어를 '접속사'라고 부른다.

UNIT 01 등위접속사

등위접속사는 두 개 이상의 단어나 문장을 연결할 때 사용됩니다. 기본적으로 'and, but, or, nor, for, so, yet' 과 같은 접속사가 있으며, 이들은 각각 다른 용도로 사용됩니다. 예를 들어, and는 추가적인 정보를 연결할 때 사용되고, but은 대조되는 정보를 연결할 때 사용됩니다. or은 선택을 나타낼 때 사용되며, so는 결과를 나타낼 때 사용됩니다. 이 접속사를 통해 문장 간의 관계를 명확히 할 수 있습니다.

Give me liberty, or give me death.
- Patrick Henry

자유를 주거나, 죽음을 달라.

1. Strive not to be a success, but rather to be of value.
- Albert Einstein
성공한 사람이 되기 위해 노력하지 말고, 가치 있는 사람이 되기 위해 노력하라.

2. The journey is long, yet worth taking.   - Paulo Coelho
여정은 길지만, 그래도 걸을 만한 가치가 있다.

3. Faith moves mountains, and determination builds bridges.
- Jim Rohn
신념은 산을 움직이고, 결단력은 다리를 만든다.

4. Success is never final, yet failure is never fatal.
- Winston Churchill
성공은 결코 최종적이지 않으며, 실패 또한 결코 치명적이지 않다.

5. You must be the change you want to see in the world, or

someone else will take the lead.   *- Mahatma Gandhi*

당신이 세상에서 보고 싶은 변화가 되어야 한다. 그렇지 않으면 다른 누군가가 앞장설 것이다.

6   I have a dream, so I fight for it.   *- Walt Disney*

나는 꿈이 있다, 그래서 그것을 위해 싸운다.

[에피소드]

이 명언에서 말하는 것처럼, '디즈니'는 어린 시절부터 꿈을 가지고 있었습니다. 하지만 그 꿈을 이루기까지 수많은 장애물과 실패를 경험했습니다. 그의 첫 번째 애니메이션 사업은 파산했고, 많은 사람들은 그의 아이디어를 비웃었습니다. 그러나 디즈니는 결코 포기하지 않았고, 결국 디즈니 월드와 같은 세계적인 기업을 만들어내며 자신의 꿈을 현실로 만들었습니다. 이처럼, 디즈니의 삶은 "꿈을 이루기 위해 싸운다."는 그의 말처럼 끊임없는 도전과 노력이 필요함을 보여줍니다.

---

liberty: 자유 death: 죽음 success: 성공 value: 가치 journey: 여정 worth: 가치 faith: 신념 mountain: 산 determination: 결단력 bridge: 다리 fatal: 치명적인 failure: 실패 change: 변화 world: 세상 lead: 앞장서다 dream: 꿈 fight: 싸우다

UNIT 03 명사절 종속접속사

명사절 종속접속사는 that, if, whether 등으로, 뒤에 오는 절을 명사처럼 만들어 주어, 목적어, 보어 등의 역할을 하게 만드는 접속사입니다. that은 '~라는 것'의 의미로 가장 흔히 사용되며, if와 whether는 '~인지 아닌지'의 의미로 주로 간접의문문을 이끌 때 사용됩니다. 예를 들어 "I know that he is smart."에서 that절은 목적어로, "Whether she will come is unknown."에서 whether절은 주어로 사용됩니다.

The greatest happiness is **that** we believe that we are loved.
- *Victor Hugo*

가장 큰 행복은 우리가 사랑받고 있다고 믿는다는 것이다.

1. No one knows **if** tomorrow will come, but we can shape today.
   - *Dalai Lama*
   내일이 올지는 아무도 모르지만, 우리는 오늘을 만들 수 있다.

2. I am certain **that** knowledge is power.   - *Francis Bacon*
   나는 지식이 힘이라는 것을 확신한다.

3. Consider **if** what you're doing today is getting you closer to where you want to be tomorrow.   - *Michelle Obama*
   오늘 하고 있는 일이 당신이 내일 되고 싶은 모습에 가까워지게 하는지 생각해보라.

4. Science shows **that** happiness depends on **whether** you have a purpose.   - *Albert Einstein*
   과학은 행복이 당신이 목적을 가지고 있는지에 달려있다는 것을 보여준다.

5   Success is not whether you never fall, but whether you get up.

- Nelson Mandela

성공은 당신이 넘어지지 않는 것이 아니라, 일어설 수 있는지에 달려있다.

6   I believe that every person is born with talent.

- Maya Angelou

나는 모든 사람이 재능을 가지고 태어난다고 믿는다.

[에피소드]

'Maya Angelou'는 어린 시절 성폭력을 겪은 후 거의 5년 동안 말을 하지 않았습니다. 이 시기에 그녀는 책을 읽고 문학을 공부하는 데 몰두했고, 이때 자신의 글쓰기 재능을 발견하게 됩니다. 그녀는 자신의 고통스러운 경험을 통해 오히려 자신의 재능을 발견했고, 이후 이 경험을 바탕으로 그녀의 가장 유명한 자서전 "I Know Why the Caged Bird Sings"를 썼습니다. 이러한 개인적 경험을 통해 그녀는 모든 사람이 각자의 재능을 가지고 태어난다고 굳게 믿게 되었고, 어려운 환경 속에서도 그 재능을 발견하고 발전시킬 수 있다는 메시지를 전하게 되었습니다. 이 명언은 그녀의 실제 삶의 경험에서 나온 깊은 통찰을 담고 있습니다.

happiness: 행복 loved: 사랑받은 tomorrow: 내일 knowledge: 지식 power: 힘 purpose: 목적 success: 성공 talent: 재능

UNIT 03 · 시간의 부사절 접속사

시간의 부사절 접속사는 어떤 일이 일어난 시간이나 시간적 조건을 나타내기 위해 사용됩니다. 대표적인 접속사로는 when, while, before, after, as soon as, until, since 등이 있습니다. 예를 들어, "I will call you when I arrive."에서 when은 '도착하는 시간'에 맞춰 전화를 하겠다는 의미로 시간적 관계를 설정합니다. 이러한 접속사를 사용하면 두 개의 사건이 일어나는 시간을 연결해 줄 수 있습니다.

When nothing is sure, everything is possible.
- Margaret Drabble

아무것도 확실하지 않을 때, 모든 것이 가능하다.

1 Unless we remember, we cannot understand. - E.M. Forster
기억하지 않으면, 우리는 이해할 수 없다.

2 As soon as you trust yourself, you will know how to live.
- Johann Wolfgang von Goethe
자신을 신뢰하는 순간, 당신은 어떻게 살아야 할지 알게 될 것이다.

3 After life teaches you, time tests you. - Morgan Freeman
인생이 당신을 가르친 후에, 시간이 당신을 시험한다.

4 When you have a dream, you've got to grab it and never let go.
- Carol Burnett
꿈이 있다면, 그것을 붙잡고 절대 놓아서는 안 된다.

5 **Until** we can receive with an open heart, we are never really giving with an open heart.   - *Brené Brown*

우리가 열린 마음으로 받아들일 수 있을 때까지, 우리는 결코 진정으로 열린 마음으로 주고 있는 것이 아니다.

6 **While** we are postponing, life speeds by.   - *Seneca*

우리가 미루는 동안, 인생은 빠르게 지나간다.

[에피소드]

이 명언은 '세네카'의 철학적 메시지를 담고 있습니다. 세네카는 로마의 스토아 철학자이자 정치인으로, 시간을 어떻게 효율적으로 사용하느냐가 인생에서 가장 중요한 요소 중 하나라고 강조했습니다. 이 명언은 사람들이 자주 겪는 문제인 '미루기'와 그로 인한 인생의 흐름을 경고하는 메시지입니다.

세네카는 『도덕적 에세이』에서 시간을 낭비하는 것에 대해 깊은 성찰을 남겼습니다. 그는 우리가 중요한 일을 미루면서도, 그 시간을 잃어버리는 것에 대해 후회하는 상황을 설명하며, 이 명언을 말합니다. 그의 생각에 따르면, 인생에서 시간을 낭비하는 순간, 우리는 과거를 되돌릴 수 없듯이, 그 낭비한 시간도 되돌릴 수 없다는 것입니다.

따라서 이 명언은 미루지 않고 현재에 집중하며 살아가야 한다는 중요한 교훈을 제공합니다. 이 말은 많은 사람들이 시간이 부족하다고 느끼면서도, 실제로 중요한 일들을 미루는 경향을 가진 현대인들에게 여전히 큰 울림을 줍니다. 세네카의 가르침은 우리가 하루하루를 얼마나 소중하게 보내야 하는지에 대한 깊은 깨달음을 줍니다.

---

imagine: 상상하다 consider: 고려하다 avoid: 피하다 mistake: 실수 might as well: 차라리 ~하는 게 낫다 balance: 균형 accept: 받아들이다 challenge: 도전 hate: 싫어하다 herd: 군중, 무리

이유의 부사절 접속사

이유의 부사절 접속사는 주로 "because", "since", "as", "for", "now that" 등을 사용하여 "왜냐하면" 또는 "때문에"라는 의미를 전달합니다. 이 접속사들은 주로 이유나 원인을 설명할 때 사용되며, 주절의 내용이 왜 일어났는지 설명합니다. 예를 들어, "Because I was tired, I went to bed early."에서 "because"는 "피곤했기 때문에"라는 이유를 설명하고 있습니다.

Because I have loved life, I shall have no sorrow to die.
- Amelia Burr

내가 삶을 사랑했기에, 죽음에 대한 슬픔이 없을 것이다.

1 Because she laughs so much, she cries with an open heart.
- Frida Kahlo

그녀가 많이 웃기 때문에, 열린 마음으로 울 수 있다.

2 For we walk by faith, not by sight.   - Saint Paul

우리는 보이는 것이 아닌 믿음으로 걸어가기 때문이다.

3 For time and the world do not stand still. Change is the law of life.   - John F. Kennedy

시간과 세상은 멈추지 않기 때문에, 변화는 삶의 법칙이다.

4 Now that spring has come, I miss winter.   - Bertolt Brecht

봄이 왔기 때문에, 나는 겨울이 그립다.

5 Since love grows within you, so beauty grows. For love is the beauty of the soul.   - Saint Augustine

사랑이 당신 안에서 자라나면서, 아름다움도 자란다. 사랑은 영혼의 아름다움이기 때문이다.

6 Since life is short, we should respect time more than gold.

- *Samuel Johnson*

인생이 짧기 때문에, 우리는 금보다 시간을 더 존중해야 한다.

[에피소드]

이 명언은 시간의 소중함에 대해 깊은 깨달음을 줍니다. '사무엘 존슨'은 인생이 짧기 때문에 우리는 물질적인 것보다 시간을 더 중요하게 여겨야 한다고 말했습니다. 이 에피소드는 우리가 매일 보내는 시간의 가치에 대해 다시 한 번 생각하게 만듭니다. 예를 들어, 어느 한 회사의 CEO가 바쁜 일정을 소화하면서도, 일주일에 한 번씩은 가족과 함께하는 시간을 꼭 보내겠다고 결심한 일화가 있습니다. 그는 자신의 시간을 아끼기 위해 회의 일정을 조정하고, 가족과 보내는 시간을 우선시 했습니다. 결국 그는 비즈니스뿐만 아니라 가족과의 유대도 더욱 강화할 수 있었고, 이는 일의 효율성에도 긍정적인 영향을 미쳤습니다. 존슨의 명언은 우리가 일상에서 자주 간과하는 시간의 가치를 되새기게 합니다.

---

love: 사랑 life: 삶 sorrow: 슬픔 die: 죽다 laugh: 웃다 cry: 울다 heart: 마음 faith: 믿음 sight: 시선 time: 시간 world: 세상 change: 변화 law: 법칙 spring: 봄 winter: 겨울 grow: 자라다 beauty: 아름다움 soul: 영혼 respect: 존중하다 gold: 금

확인테스트

A 다음 중 괄호 안에서 알맞은 것을 고르시오.

1. Give me liberty, (and, but, or) give me death.
   자유를 주거나, 죽음을 달라.

2. I have a dream, (and, but, or, so) I fight for it.
   나는 꿈이 있다, 그래서 그것을 위해 싸운다.

3. (Before, When) nothing is sure, everything is possible.
   아무것도 확실하지 않을 때, 모든 것이 가능하다.

4. I believe (and, so, that) every person is born with talent.
   나는 모든 사람이 재능을 가지고 태어난다고 믿는다.

B 다음 중 해석에 맞게 틀린 부분을 바르게 고치시오

1. 신념은 산을 움직이고, 결단력은 다리를 만든다.
   Faith moves mountains, but determination builds bridges.
   _____ → _____

2. 내가 삶을 사랑했기에, 죽음에 대한 슬픔이 없을 것이다.
   Before I have loved life, I shall have no sorrow to die.
   _____ → _____

3. 우리가 미루는 동안, 인생은 빠르게 지나간다.
   That we are postponing, life speeds by.
   _____ → _____

4. 가장 큰 행복은 우리가 사랑받고 있다고 믿는다는 것이다.
   The greatest happiness is when we believe that we are loved.
   _____ → _____

A 1. or 2. so 3. When 4. that
B 1. but, and 2. Before, Because 3. That, While 4. when, that

Review

01 등위접속사

1) 등위접속사는 두 개 이상의 단어나 문장을 연결할 때 사용한다.
2) and는 추가적인 정보를 연결할 때 사용한다.
3) but은 대조되는 정보를 연결할 때 사용한다.
4) or는 선택을 나타낼 때 사용하, so는 결과를 나타낼 때 사용한다.

02 명사절 종속접속사

1) 명사절 종속접속사는 that, if, whether 등이다.
2) 뒤에 오는 절을 명사처럼 만들어 주어, 목적어, 보어 등의 역할을 하게 만드는 접속사이다.
3) that은 '~라는 것'의 의미로 가장 흔히 사용된다.
4) if와 whether는 '~인지 아닌지'의 의미로 주로 간접의문문을 이끌 때 사용된다.

03 시간의 부사절 접속사

1) 시간의 부사절 접속사는 어떤 일이 일어난 시간이나 조건을 나타내기 위해 사용한다.
2) when, while, before, after, as soon as, until, since 등이 있다.

04 이유의 부사절 접속사

1) 주로 because, since, as, for, now that 등을 사용한다.
2) "왜냐하면" 또는 "때문에"라는 의미를 전달힌다.

명문법 - 명언으로 배우는 영문법

CHAPTER 17

관계사

"나는 그녀를 안다."
"그녀는 매우 아름답다."
두 문장에는 서로 공통적이고 관계가 있는 부분이 있다.
첫 번째 문장과 두 번째 문장의 그녀는 같은 사람이다.
그럼, 두 문장을 하나로 묶어 보자.
"나는 매우 아름다운 그녀를 안다."로 표현할 수 있을 것이다.
이와 같이 서로 공통되는 부분을 갖고 있는 문장을
하나로 이어주는 역할을 하는 것,
그것을 '관계사'라고 한다.

UNIT 01 ▶ 관계대명사의 의미

관계대명사는 두 문장을 연결하면서, 명사를 수식하는 역할을 합니다. 예를 들어, "The book that you gave me is great."에서 "that"은 "book"을 설명하는 관계대명사입니다. 관계대명사는 "who", "which", "that" 등이 있으며, 선행사(앞에서 언급된 명사)를 대신하여 추가적인 정보를 제공합니다. 관계대명사의 종류로는 주격(who, which, that), 목적격(whom, which, that), 소유격(whose) 관계대명사, 관계대명사 what이 있습니다. 관계대명사 what은 예외적으로 선행사를 가지지 않습니다.

Time is the coin of life **which** only you can spend.
- *Carl Sandburg*

시간은 당신만이 쓸 수 있는 인생의 동전이다.

1 Success is loving life **which** gives you positive energy.
- *Maya Angelou*

성공이란 당신에게 긍정적인 에너지를 주는 삶을 사랑하는 것이다.

2 They **who** dream by day are cognizant of many things.
- *Edgar Allan Poe*

낮에 꿈꾸는 사람들은 많은 것들을 인식한다.

3 A leader is one **whose** actions inspire others to dream more, learn more, do more and become more.
- *John Quincy Adams*

리더란 그의 행동이 다른 이들로 하여금 더 많이 꿈꾸고, 더 많이 배우고, 더 많이 행동하고, 더 나은 사람이 되도록 영감을 주는 사람이다.

4   A smile is the light **whose** warmth can melt any heart.

    - Anne Frank

    미소는 어떤 마음도 녹일 수 있는 따뜻함을 가진 빛이다.

5   Everything **that** happens to you is your teacher.

    - Ken Keyes Jr.

    당신에게 일어나는 모든 일이 당신의 스승이다.

6   The best prize **that** life offers is the chance to work hard at work worth doing.

    - Theodore Roosevelt

    인생이 제공하는 최고의 상은 가치 있는 일을 열심히 할 수 있는 기회이다.

[에피소드]

'Theodore Roosevelt'는 젊은 시절, 건강상의 어려움과 극복해야 할 개인적인 한계에 부딪혔습니다. 어린 시절에는 천식으로 고생했고, 그로 인해 체력적으로 약했습니다. 하지만 Roosevelt는 자신이 가진 조건을 받아들이며 이를 개선하기 위해 꾸준히 노력했습니다. 그는 자신의 신체적 한계를 극복하고자 운동을 시작하고 건강을 단련하면서, 환경이 어려울지라도 자신이 가진 것을 최대한 활용하겠다는 결심을 다졌습니다. 이 명언은 Roosevelt가 어려움을 이겨내며 발전해 나갔던 삶의 철학을 잘 담고 있으며, 누구든 자신의 상황에서 할 수 있는 최선을 다하라는 중요한 메시지를 전달하고 있습니다.

---

coin: 동전 spend: 쓰다, 소비하다 success: 성공 positive: 긍정적인 dream: 꿈꾸다 cognizant: 인식하는 inspire others to: 다른 이들로 하여금 ~하게 하다 smile: 미소 warmth: 따뜻함 melt: 녹이다 happen to: ~에게 일어나다 prize: 상 offer: 제공하다 chance: 기회 worth~ing: ~할 가치가 있는

UNIT 02 관계대명사의 생략

관계대명사는 문장에서 수식하는 명사나 대명사와 동사 사이에 위치하여 의미를 연결해 주는 역할을 합니다. 그러나 관계대명사가 목적어일 때는 즉 목적격 관계대명사인 경우에는 이를 생략할 수 있습니다. 예를 들어 "This is the book (that) I bought."에서 "that"은 목적어 역할을 하고 있어 생략이 가능합니다. 관계대명사 주어인 경우 즉 주격 관계대명사에서는 생략이 불가능하다는 점을 기억하면 좋습니다.

Everything [that] you can imagine is real.
- Pablo Picasso

당신이 상상할 수 있는 모든 것은 실재한다.

1. The future [which] we want to create includes everyone.
   - Malala Yousafzai

   우리가 만들고자 하는 미래는 모든 사람을 포함한다.

2. The dreams [which] we dare to dream are the future we create.
   - Leonard I. Sweet

   우리가 감히 꾸는 꿈들이 우리가 만드는 미래이다.

3. The people [whom] I love the best jump into work head first.
   - Marge Piercy

   내가 가장 사랑하는 사람들은 일에 온 몸을 던진다.

4. The dreams [that] we have while awake are the ones [that] matter most.
   - Anatole France

   우리가 깨어있는 동안 꾸는 꿈들이 가장 중요하다.

5   The best thing [that] I learned in life came from the worst things [that] happened to me. - *C.S. Lewis*
내 인생에서 배운 최고의 것들은 내게 일어난 최악의 일들로부터 왔다.

6   The hardest battle [that] you have to fight is between what you know and what you feel. - *Mary Browne*
당신이 싸워야 할 가장 어려운 전투는 당신이 아는 것과 느끼는 것 사이의 전투이다.

[에피소드]

이 명언은 우리의 삶에서 '지식과 감정 사이의 갈등'이라는 주제와 맞닿아 있습니다. 예를 들어, 어떤 중요한 결정을 내려야 할 때 우리의 지식은 이성적인 판단을 요구하지만, 감정은 때로 이와 다른 방향으로 끌어가곤 합니다. 한 사례로, 직장에서는 안정성을 추구하면서도 새로운 도전의 기회가 주어질 때 이를 포기하기 어렵다고 느낄 때가 있습니다. 이때 "내가 아는 것(안정성과 현실)"과 "내가 느끼는 것(성장과 열정)" 사이의 갈등을 경험하게 됩니다. 결국, 이러한 상황에서 진정한 승리는 자기 내면의 목소리를 잘 조화롭게 듣고 그에 따라 움직일 때 이룰 수 있다는 것을 깨닫게 되는 것입니다.

---

imagine: 상상하다 include: 포함하다 dare to: 감히 ~하다 jump into: ~에 뛰어들다 head first: 머리부터, 온 몸을 던져서 while awake: 깨어있는 동안 matter: 중요하다 happen to: ~에게 일어나다 battle: 전투, 싸움 have to: ~해야만 하다 fight: 싸우다 between: ~ 사이에

UNIT 03   관계대명사 that과 what

관계대명사 that: 특정한 명사(선행사)를 수식하여 그 명사에 대한 추가 정보를 제공하는 관계대명사입니다. 예를 들어, "This is the book that I read."에서 that은 the book을 수식하고, "내가 읽은 책"이라는 의미로 문장에 추가 설명을 더합니다.

관계대명사 what: 문장에서 "~하는 것"이라는 의미를 갖고, 선행사가 필요하지 않은 관계대명사입니다. 예를 들어, "I know what you need."에서 what은 독립적으로 "너가 필요한 것"이라는 의미를 나타냅니다.

The only thing that is constant is change.
- Heraclitus

변화만이 영원한 것이다.

1   What you focus on expands.   - Oprah Winfrey
집중하는 것이 무엇이냐에 따라 그것이 확장된다.

2   The love that we give away is the only love we keep.
- Elbert Hubbard
우리가 베푸는 사랑만이 우리가 간직하는 사랑이다.

3   What the mind can conceive and believe, it can achieve.
- Napoleon Hill
마음속으로 구상하고 믿는 것은 실현할 수 있다.

4   What you seek is seeking you.   - Rumi
당신이 찾고 있는 것이 당신을 찾고 있다.

5 The quality of a leader is reflected in the standards **that** they set for themselves.
   　　　　　　　　　　　　　　　　　　　　　　　　　- *Ray Kroc*

   리더의 자질은 그가 자신에게 요구하는 기준에 드러난다.

6 The thing **that** is really hard, and really amazing, is giving up on being perfect and beginning the work of becoming yourself.
   　　　　　　　　　　　　　　　　　　　　　　　　　- *Anna Quindlen*

   완벽을 포기하고 자신이 되어가는 일이 정말 어렵지만 정말 놀라운 일이다.

   [에피소드]

   'Anna Quindlen'의 이 통찰력 있는 명언은 그녀의 개인적인 경험에서 비롯되었습니다. 퓰리처상을 수상한 저널리스트였던 Quindlen은 젊은 시절 완벽주의로 인해 많은 고통을 겪었습니다. 특히 뉴욕타임스의 칼럼니스트로 일할 때, 그녀는 매 기사가 완벽해야 한다는 강박에 시달렸고, 이로 인해 극심한 스트레스와 불안을 경험했습니다.

   전환점은 그녀가 첫 소설을 쓰기 시작했을 때 찾아왔습니다. 소설을 쓰는 과정에서 그녀는 완벽함을 추구하는 대신 자신의 진정한 목소리를 찾는 것이 더 중요하다는 것을 깨달았습니다. 이 경험을 통해 그녀는 완벽주의를 내려놓고 자신만의 독특한 글쓰기 스타일을 발전시켰고, 이는 그녀를 더 성공적인 작가로 만들었습니다. 그녀는 후에 대학 졸업식 연설에서 이 경험을 공유하며, 많은 젊은이들에게 영감을 주었습니다.

---

constant: 일정한 change: 변화 focus: 집중하다 expand: 확장하다 love: 사랑 give: 주다 mind: 마음 conceive: 구상하다 believe: 믿다 achieve: 실현하다 seek: 찾다 quality: 자질 leader: 리더 standard: 기준 perfect: 완벽한 amazing: 놀라운 give up on: ~을 포기하다

UNIT 04 관계부사

관계부사는 두 개의 문장을 연결할 때 사용하는 부사로, 선행사와의 관계를 나타내며 주로 장소(where), 시간(when), 이유(why), 방법(how)를 표현합니다. 예를 들어, "This is the place where I met her."에서 where는 장소를 나타내는 관계부사로, 선행사 the place와 관련된 내용을 연결해 줍니다. 예외적으로, 방법을 나타내는 관계부사 how는 선행사 the way와 같이 사용되지 않습니다. 관계부사를 통해 문장 구조가 더 매끄러워지고, 문장 내에서 선행사와의 관계가 명확해집니다.

Understand [the reason] why you're here, and live with purpose.
- Oprah Winfrey

당신이 여기에 있는 이유를 이해하고 목적을 가지고 살아라.

1. You must be the place **where** the sunlight enters. - *Rumi*
당신은 햇빛이 들어오는 그곳이 되어야 한다.

2. There are times **when** silence has the loudest voice.
- *Leroy Brownlow*
침묵이 가장 큰 소리를 내는 때가 있다.

3. There are moments **when** everything goes well; don't be frightened, it won't last. - *Jules Renard*
모든 일이 잘 풀리는 순간이 있지만, 두려워하지 마라. 오래 가지 않을 것이다.

4. **How** people treat you is their karma; **how** you react is yours.
- *Wayne Dyer*
사람들이 당신을 대하는 방식은 그들의 업이며, 당신이 반응하는 방식은 당신의 업이다.

5. Love the way your heart beats, not the way others want it to beat.   - *Maya Lin*

   다른 사람들이 원하는 방식이 아닌, 당신의 심장이 뛰는 방식 그대로를 사랑하라..

6. People often forget what you said and what you did, but they will never forget why you made them feel.   - *Maya Angelou*

   사람들은 당신이 한 말과 행동을 잊을 수 있지만, 당신이 그들에게 느끼게 해준 이유는 잊지 않는다.

[에피소드]

이 명언은 '마야 안젤루'가 말한 것입니다. 그녀는 사람들 간의 관계에서 가장 중요한 것은 행동이나 말이 아니라, 그로 인해 상대방이 느끼는 감정이라고 강조했습니다. 이는 그녀의 삶에서도 나타났습니다. 마야 안젤루는 자신의 책과 강연을 통해 사람들에게 긍정적인 감정과 강력한 메시지를 전달했고, 사람들은 그녀의 말보다는 그녀가 어떻게 그들을 느끼게 했는지를 기억했다고 전해집니다. 이 명언은 우리가 다른 사람들에게 어떤 영향을 미치는지, 그리고 그들이 우리와의 관계에서 어떤 감정을 느끼는지에 대한 깊은 통찰을 제공합니다.

---

purpose: 목적 sunlight: 햇빛 silence: 침묵 voice: 소리 moment: 순간 karma: 업 treat: 대하다 react: 반응하다 reason: 이유 heart: 심장 beat: 뛰다 forget: 잊다

확인테스트

A 다음 중 괄호 안에서 알맞은 것을 고르시오.

1. Time is the coin of life (what, which) only you can spend.
   시간은 당신만이 쓸 수 있는 인생의 동전이다.

2. The only thing (that, how) is constant is change.
   변화만이 영원한 것이다.

3. (What, Which) you seek is seeking you.
   당신이 찾고 있는 것이 당신을 찾고 있다.

4. You must be the place (why, how, where) the sunlight enters.
   당신은 햇빛이 들어오는 그곳이 되어야 한다.

B 다음 중 해석에 맞게 틀린 부분을 바르게 고치시오

1. 당신에게 일어나는 모든 일이 당신의 스승이다.
   Everything where happens to you is your teacher.
   _____ → _____

2. 침묵이 가장 큰 소리를 내는 때가 있다.
   There are times how silence has the loudest voice.
   _____ → _____

3. 집중하는 것이 무엇이냐에 따라 그것이 확장된다.
   That you focus on expands.
   _____ → _____

4. 당신이 여기에 있는 이유를 이해하고 목적을 가지고 살아라.
   Understand how you're here, and live with purpose.
   _____ → _____

A 1. which 2. that 3. What 4. where
B 1. where, that 2. how, when 3. That, What 4. how, why

Review

01 관계대명사의 의미

1) 관계대명사는 두 문장을 연결하면서, 명사를 수식하는 역할을 한다.
2) who, which, that 등이 있으며, 선행사를 대신하여 추가적인 정보를 제공한다.
3) 종류로는 주격(who, which, that), 목적격(whom, which, that), 소유격(whose)이 있다.

02 관계대명사의 생략

1) 관계대명사가 목적어일 때는 즉 목적격 관계대명사인 경우에는 이를 생략할 수 있다. 예를 2) 관계대명사 주어인 경우 즉 주격 관계대명사에서는 생략이 불가능하다.

03 관계대명사 that과 what

1) 관계대명사 that: 특정한 명사(선행사)를 수식하여 그 명사에 대한 추가 정보를 제공한다.
2) 관계대명사 what: 문장에서 "~하는 것"이라는 의미를 갖고, 선행사가 필요하지 않은 관계대명사이다.

04 관계부사

1) 관계부사는 두 개의 문장을 연결할 때 사용하는 부사로, 선행사와의 관계를 나타낸다.
2) 주로 장소(where), 시간(when), 이유(why), 방법(how)를 표현한다.
3) 관계부사를 통해 문장이 더 매끄러워지고, 문장 내에서 선행사와의 관계가 명확해진다.

명문법 - 명언으로 배우는 영문법

CHAPTER 18

전치사

"내 휴대폰 못 봤니?"
"그거? 책상 ( )에 있던데."
( )에 들어가는 말에 따라,
즉 '위에'라고 하면 책상 위를 볼 것이고
'아래에'라면 아래를, '옆에'라면 책상 옆을 볼 것이다.
이와 같이 '위에', '아래에'. '옆에'처럼
명사 도는 대명사의 뒤에 붙어 도움을 주는 것을 '조사'라고 하는데
영어에서는 '명사' 또는 '대명사'의 앞에 위치하여 구체적으로 돕기에
그 명칭도 '전치사'라고 한다.

UNIT 01 ▶ 시간 전치사

시간을 나타내는 전치사에는 주로 at, on, in이 있으며, 각각 사용하는 경우가 다릅니다. "at"은 특정한 시간(예: at 7 o'clock)에, "on"은 특정한 날이나 날짜(예: on Monday, on January 1st)에 사용됩니다. "in"은 더 긴 시간 단위인 월, 계절, 연도, 또는 하루 중 특정한 시간대(예: in July, in 2023, in the morning)에 사용됩니다.

Even at midnight, the sun is still there.
- Anthony Liccione

한밤중에도 태양은 여전히 그곳에 있다.

1   At sunrise everything is luminous but not clear.   - *Norman Maclean*

일출 때는 모든 것이 빛나지만 선명하지는 않다.

2   In youth we learn; in age we understand.
- *Marie von Ebner-Eschenbach*

젊어서는 배우고, 나이 들어서는 이해한다.

3   In times of great stress or adversity, it's always best to keep busy.
- *Dale Carnegie*

큰 스트레스나 역경의 시기에는 항상 바쁘게 지내는 것이 최선이다.

4   On any given day you can be a star in someone's sky.
- *Maya Angelou*

어느 날이든 당신은 누군가의 하늘에서 빛나는 별이 될 수 있다.

5   What we achieve inwardly will change outer reality **in** due time.
- *Plutarch*

우리가 내면에서 이루는 것은 때가 되면 외부 현실을 변화시킬 것이다.

6   **At** the end of the day, we can endure much more than we think we can.
- *Frida Kahlo*

하루가 끝날 때쯤이면, 우리는 우리가 생각했던 것보다 훨씬 더 많은 것을 견뎌낼 수 있다는 것을 알게 된다.

[에피소드]

'프리다 칼로'는 멕시코의 유명한 예술가로, 그녀의 삶은 병과 고통으로 가득 차 있었습니다. 어린 시절부터 척추 측만증을 겪었고, 이후 교통사고로 인해 다수의 수술을 거치며 고통스러운 삶을 살아야 했습니다. 그럼에도 불구하고, 그녀는 자신이 가진 고통을 예술로 표현하며 이를 극복하려 했습니다. 이 명언은 그녀가 얼마나 강인한 정신력을 가지고 있었는지를 보여주며, 많은 사람들에게 "우리는 생각보다 더 많은 것을 견딜 수 있다."는 용기를 주는 말로 남았습니다.

---

midnight: 한밤중 sunrise: 일출 luminous: 빛나는 clear: 선명한 youth: 젊음 adversity: 역경 achieve: 이루다 inwardly: 내면에서 outer: 외부의 reality: 현실 endure: 견디다

UNIT 02 장소 전치사

장소를 나타내는 전치사 in, on, at는 특정 장소나 위치를 설명하는 데 사용됩니다. **in**은 "안에"라는 의미로 넓은 공간이나 특정 경계를 갖춘 장소(예: 도시, 나라, 방) 안을 나타냅니다. 예를 들어, "She lives in New York."는 그녀가 뉴욕이라는 도시에 살고 있음을 의미합니다. **on**은 "위에"라는 의미로 표면에 접촉하고 있는 위치를 나타냅니다. 예를 들어, "The book is on the table."은 책이 테이블 위에 있음을 의미합니다. **at**은 보다 구체적인 위치나 지점을 설명할 때 사용됩니다. 예를 들어, "I'll meet you at the entrance."는 특정 입구에서 만나자는 의미입니다.

그 밖의 장소 전치사 : under(~아래에), above(~위에[기준보다 높게]), below(~아래에[기준보다 낮게]), between(~사이에[두 대상]), among(~사이에[여러 대상]), behind(~뒤에), in front of(~앞에), next to/beside(~옆에), across from(~맞은 편에)

Look up at the stars and not down at your feet.
- Stephen Hawking

발밑이 아닌 별을 올려다보세요.

1. In nature, nothing is perfect and everything is perfect.
- Alice Walker

자연 속에서는 아무것도 완벽하지 않으면서도 모든 것이 완벽하다.

2. The bird sits on the tree branch, never afraid of the branch breaking.
- Bob Marley

새는 나뭇가지가 부러질까 봐 두려워하지 않고 가지 위에 앉는다.

3. Stand beside those who stand up for others.
- Janeane Garofalo

다른 사람들을 위해 일어서는 사람들 옆에 서라.

4   **Between** two evils, I always pick the one I never tried before.
                                                                - *Mae West*
   두 가지 악 사이에서, 나는 항상 내가 전에 시도해보지 않은 것을 선택한다.

5   **Under** the sun there is a time for everything.   - *Ecclesiastes*
   태양 아래에서 모든 것에는 때가 있다.

6   Keep your face always **toward** the sunshine, and shadows will fall **behind** you.
                                                                - *Walt Whitman*
   항상 당신의 얼굴을 태양을 향하게 하라, 그러면 그림자는 당신 뒤로 떨어질 것이다.

   [에피소드]

   이 명언은 삶의 긍정적인 면에 집중하면 어려움이나 부정적인 요소들이 자연스럽게 사라질 것이라는 메시지를 담고 있습니다. 예를 들어, 어떤 사람이 힘든 시기를 겪을 때, 'Whitman'의 말을 떠올리며 희망과 목표를 잃지 않으려고 노력할 수 있습니다. 그렇게 하여 긍정적인 사고방식으로 삶의 도전과 마주하다 보면, 문제의 무게가 줄어드는 경험을 할 수 있습니다. 마치 태양을 바라보며 걸을 때 그림자가 뒤로 가듯, 긍정적인 태도는 문제들이 삶에서 멀어지게 만드는 힘이 됩니다.

---

nature: 자연 perfect: 완벽한 branch: 가지 stand: 서다 beside: 옆에 evil: 악 pick: 선택하다
sunshine: 태양빛 shadow: 그림자

UNIT 03 구 전치사

구 전치사는 두 개 이상의 단어가 결합하여 전치사 역할을 하는 표현을 말합니다. 예를 들어, "in front of," "because of," "according to"와 같은 구 전치사들이 있으며, 이러한 전치사는 하나의 전치사처럼 사용됩니다. 구 전치사 뒤에는 명사나 대명사가 따라와서 장소, 이유, 방법 등을 더 구체적으로 나타냅니다.

Live your life according to your own light.
- Rabindranath Tagore

당신의 빛에 따라 당신의 삶을 살아라.

1. **Prior to** success, comes the courage to fail. - *Mary Tyler Moore*
성공에 앞서 실패할 용기가 온다.

2. **In addition to** self-awareness, imagination and conscience are the endowments which make us uniquely human.
- *Stephen Covey*
자아 인식과 더불어, 상상력과 양심은 우리를 독특한 인간으로 만드는 재능이다.

3. Keep your fears at the back of your mind and your dreams **in front of** your actions. - *Robin Sharma*
두려움은 마음 뒤에 두고 꿈은 행동 앞에 두어라.

4. **On behalf of** dreams, reality often gets postponed.
- *Anaïs Nin*
꿈을 위해 현실은 종종 연기된다.

5. All our dreams seem small **in comparison to** our ability to achieve them. *- Walt Disney*

우리의 모든 꿈은 그것을 이룰 수 있는 우리의 능력에 비하면 작아 보인다.

6. Success is not achieved **because of** luck, it is achieved **because of** hard work. *- Vince Lombardi*

성공은 운 때문이 아니라 열심히 일한 덕분에 이루어진다.

[에피소드]

이 명언은 성공은 단지 운에 의존하는 것이 아니라 꾸준한 노력과 헌신이 중요한 요소임을 강조합니다. 'Lombardi'는 NFL 역사에서 전설적인 코치로 불리며, 그의 경력에서도 이를 실천하며 팀에 끊임없는 노력을 강조했습니다. 그는 "운이 좋은 사람은 없고, 노력하는 사람만이 진정한 성공을 거둔다."는 메시지를 자주 전파하며, 이를 통해 선수들에게 강한 의지와 태도를 심어 주었습니다.

---

light: 빛 success: 성공 courage: 용기 fail: 실패 self-awareness: 자아 인식 imagination: 상상력 conscience: 양심 endowment: 재능 unique: 독특한 fear: 두려움 dream: 꿈 actions: 행동 reality: 현실 postpone: 연기하다 ability: 능력 achieve: 이루다 hard work: 열심히 일함 luck: 운

UNIT 04 기타 전치사

기타 전치사들은 시간이나 장소 외에도 다양한 관계를 나타내는 데 사용됩니다. 예를 들어, "for"는 목적이나 이유를, "with"는 동반 관계나 도구를, "about"은 주제나 관련된 대상을 나타냅니다. 이 전치사들은 특정한 문맥에서 어떻게 사용되는지를 이해하는 것이 중요하며, 그 의미는 상황에 따라 달라질 수 있습니다.

In spite of everything, I still believe that people are really good at heart.
- Anne Frank

모든 것에도 불구하고, 나는 여전히 사람들의 마음이 본질적으로 선하다고 믿는다.

1. Despite the forecast, live like it's spring.　　- Lilly Pulitzer
   일기 예보에도 불구하고, 봄처럼 살아라.

2. Life without love is like a tree without blossoms or fruit.
   　　　　　　　　　　　　　　　　　　　　　　　　　- Khalil Gibran
   사랑 없는 삶은 꽃이나 열매가 없는 나무와 같다.

3. With every failure comes an opportunity to rise again, stronger.
   　　　　　　　　　　　　　　　　　　　　　　　　　- Nelson Mandela
   모든 실패와 함께 더 강하게 다시 일어설 기회가 온다.

4. Except our own thoughts, there is nothing absolutely in our power.　　　　　　　　　　　　　　　　　- René Descartes
   우리의 생각을 제외하고는, 우리의 힘으로 절대적으로 할 수 있는 것은 없다.

5. We live for the small moments that make life big.
   　　　　　　　　　　　　　　　　　　　　　　　- Michelle Obama
   우리는 삶을 풍요롭게 만드는 작은 순간들을 위해 산다.

6   Through discipline comes freedom.   - Aristotle

규율을 통해 자유가 온다.

[에피소드]

아리스토텔레스의 이 명언은 규율이 결국 자유로 이어진다는 중요한 교훈을 전달합니다. 그가 말하는 "규율"은 단순히 외부의 제약이 아니라, 내면의 질서와 자기 관리를 의미합니다. 예를 들어, 한 운동 선수가 철저한 훈련과 규칙적인 생활을 통해 더 나은 성과를 거둘 수 있게 되듯이, 우리는 규칙과 절제를 통해 더 큰 자유와 선택의 폭을 얻게 됩니다. 또한, 자신을 잘 통제할 수 있을 때 우리는 더 큰 자율성을 누리며, 삶에서 진정한 자유를 경험할 수 있습니다.

---

heart: 마음 forecast: 일기 예보 blossom: 꽃 fruit: 열매 failure: 실패 opportunity: 기회 rise: 일어서다 stronger: 더 강한 thought: 생각 absolutely: 절대적으로 power: 힘 moment: 순간 discipline: 규율 freedom: 자유

확인테스트

A 다음 중 괄호 안에서 알맞은 것을 고르시오.

1. (In, At) sunrise everything is luminous but not clear.
   일출 때는 모든 것이 빛나지만 선명하지는 않다.

2. Look up (at, on) the stars and not down at your feet.
   발밑이 아닌 별을 올려다보세요.

3. Stand (nest to, beside) those who stand up for others.
   다른 사람들을 위해 일어서는 사람들 옆에 서라.

4. (On, In, Through) discipline comes freedom.
   규율을 통해 자유가 온다.

B 다음 중 해석에 맞게 틀린 부분을 바르게 고치시오

1. 한밤중에도 태양은 여전히 그곳에 있다.
   Even in midnight, the sun is still there.
   _____ → _____

2. 태양 아래에서 모든 것에는 때가 있다.
   Toward the sun there is a time for everything.
   _____ → _____

3. 두 가지 악 사이에서, 나는 항상 내가 전에 시도해보지 않은 것을 선택한다.
   Behind two evils, I always pick the one I never tried before.
   _____ → _____

4. 모든 것에도 불구하고, 나는 여전히 사람들의 마음이 본질적으로 선하다고 믿는다.
   In spite everything, I still believe that people are really good at heart.
   _____ → _____

A 1. At 2. at 3. beside 4. Through
B 1. in, at 2. Toward, Under 3. Behind, Between 4. In spite, In spite of

Review

01 시간 전치사

1) 시간 전치사에는 주로 at, on, in이 있다.
2) at은 특정한 시간(예: at 7 o'clock)에 사용한다.
3) on은 특정한 날이나 날짜(예: on Monday, on January 1st)에 사용한다.
4) in은 더 긴 시간 단위인 월, 계절, 연도 등에 사용한다.

02 장소 전치사

1) 장소를 나타내는 전치사 in, on, at는 특정 장소나 위치를 설명하는 데 사용된다.
2) in은 "안에"라는 의미로 넓은 공간이나 특정 경계를 갖춘 장소 안을 나타낸다.
3) on은 "위에"라는 의미로 표면에 접촉하고 있는 위치를 나타낸다.
4) at은 보다 구체적인 위치나 지점을 설명할 때 사용된다.

03 구 전치사

1) 구 전치사는 두 개 이상의 단어가 결합하여 하나의 전치사 역할을 한다.
2) "in front of," "because of," "according to"와 같은 구 전치사들이 있다.

04 기타 전치사

1) for는 목적이나 이유를,
2) with는 동반 관계나 도구를,
3) about은 주제나 관련된 대상을 나타낸다.

명문법 - 명언으로 배우는 영문법

CHAPTER 19

가정법

"만약 내가 새처럼 훨훨 자유롭게 날 수만 있다면…."
이처럼 실제로는 그렇지 않은데
'~라면, 어떨까?'라는 생각을 누구나 자주 한다.
상상하는 시제 또한 과거, 현재, 미래 어느 쪽으로도 자유롭게 할 수 있다.
이처럼 실제와는 다른 상황을 가정해 보는 것을 '가정법'이라고 부른다.

UNIT 01 가정법 과거와 과거완료

가정법 과거는 현재 사실과 반대되는 가상의 상황을 표현할 때 사용합니다. 이때 동사는 과거형으로 사용되며, "If I were you, I would[could/might]..."와 같은 구조를 가집니다. 예를 들어, "If I had a million dollars, I would travel the world."는 "내가 백만 달러가 있다면, 나는 세계를 여행할 것이다."라는 뜻입니다.

가정법 과거완료는 과거의 사실과 반대되는 상황을 표현할 때 사용하며, "If I had known, I would[could/might] have..."와 같은 구조를 가집니다. 예를 들어, "If I had studied harder, I would have passed the exam."은 "내가 더 열심히 공부했더라면, 나는 시험에 합격했을 것이다."라는 뜻입니다.

If a man **were to stand** still for a moment, he **would see** how futile it is to chase after happiness.
- *Paulo Coelho*

만약 인간이 잠시 멈춰 서본다면, 행복을 쫓는 것이 얼마나 헛된 것인지 알게 될 것이다.

1. If I **had** eight hours to chop down a tree, I **would have spent** six hours sharpening my ax.   - *Abraham Lincoln*
   만약 내게 나무를 베는데 8시간이 주어졌더라면, 나는 6시간을 도끼를 가는 데 썼을 것이다.

2. If people **could see** inside others' hearts, they **would be** kinder to one another.   - *Mother Teresa*
   만약 사람들이 다른 이들의 마음속을 들여다볼 수 있다면, 그들은 서로에게 더 친절할 것이다.

3. If we **knew** what it was we were doing, it **would not be called** research.   - *Albert Einstein*
   만약 우리가 하고 있는 일이 무엇인지 안다면, 그것은 연구라고 불리지 않을 것이다.

4   If you **were** truly happy with yourself, you **wouldn't care** what others think.
- Dalai Lama

만약 당신이 진정으로 자신에게 만족한다면, 다른 사람들이 어떻게 생각하는지 신경 쓰지 않을 것이다.

5   **If I had not seen** such riches, I **could live** with being poor.
- Dorothy Parker

만약 내가 그런 부를 보지 않았더라면, 나는 가난하게 살 수 있었을 것이다.

6   **If I had not failed, I would not have learned** how to succeed.
- Thomas Edison

만약 내가 실패하지 않았더라면, 나는 어떻게 성공하는지 배우지 못했을 것이다.

[에피소드]

'Edison'은 수천 번의 실패 끝에 전구 발명에 성공했으며, 그의 말처럼 실패는 단순히 좌절이 아니라 더 나은 방법을 찾아가는 과정이었습니다. 예를 들어, 그는 수많은 실험에서 전구를 만들기 위한 다양한 재료와 기술을 테스트했으며, 결국 실패에서 얻은 경험이 그를 전구 발명에 성공하게 했습니다. 그의 이야기는 우리가 실패를 두려워하지 않고 그것을 배움의 기회로 삼을 수 있다는 중요한 교훈을 줍니다.

---

stand: 서다 happiness: 행복 futile: 헛된 chop: 베다 tree: 나무 ax: 도끼 heart: 마음 kinder: 더 친절한 research: 연구 truly: 진정으로 riches: 부 poor: 가난한 fail: 실패 succeed: 성공하다

UNIT 02 I wish, as if

I wish: 가정법에서 "I wish"는 현재나 과거의 사실이 아닌 상황을 바랄 때 사용됩니다. 예를 들어, "I wish I were(과거동사) taller."는 "내가 더 키가 컸으면 좋겠다."라는 의미로, 현재 사실과 반대되는 상황을 표현합니다. 여기서 "were"는 가정법 과거 형태입니다.

As if: "As if"는 가정법과 함께 가상의 상황을 표현할 때 사용됩니다. 예를 들어, "She talks as if she knew(과거동사) everything."은 "그녀는 마치 모든 것을 알고 있는 것처럼 말한다."는 뜻으로, 실제로는 그렇지 않지만 그렇게 보인다는 가정적인 표현입니다. "as if" 뒤에는 가정법이 올 수 있습니다.

Treat every moment **as if** it were your last. It might be.
  - *George S. Patton*

모든 순간을 마지막인 것처럼 대하라. 그것이 정말 마지막일 수도 있다.

1   I **wish** there was a way to know you're in the good old days before you've actually left them.
  - *Andy Bernard*

좋았던 시절이 지나고 나서야 그때가 좋은 시절이었다는 걸 알게 되는 게 아니라, 그 순간에 알 수 있다면 좋을 텐데.

2   If you live each day **as if** it was your last, someday you'll most certainly be right.
  - *Steve Jobs*

매일을 마지막 날처럼 산다면, 언젠가는 반드시 그것이 맞게 될 것이다.

3   I **wish** people would love everybody else the way they love me. It would be a better world.
  - *Muhammad Ali*

사람들이 나를 사랑하는 것처럼 다른 모든 사람을 사랑했으면 좋겠다. 그러면 더 나은 세상이 될 텐데.

4   **As if** you were on fire with passion, I would wrap myself in your words and let you burn me.
　　　　　　　　　　　　　　　　　　　　　　　　　　　- *Karl Marx*
　　당신이 열정으로 불타는 것처럼, 나는 당신의 말에 나를 감싸고 당신이 나를 태우게 할 것이다.

5   I **wish** I could write as mysterious as a cat.
　　　　　　　　　　　　　　　　　　　　　　　　　- *Edgar Allan Poe*
　　나는 고양이처럼 신비롭게 글을 쓸 수 있었으면 좋겠다.

6   "I **wish** it need not have happened in my time," said Frodo. "So do I," said Gandalf, "and so do all who live to see such times. But that is not for them to decide. All we have to decide is what to do with the time that is given us."　　　　　- *J.R.R. Tolkien*

　　내 시대에 이런 일이 일어나지 않았으면 좋았을 텐데요. 나도 그래, 이런 시대를 살아가는 모든 이들이 그렇게 생각하지. 하지만 그것을 결정하는 것은 우리가 아니야. 우리가 결정할 수 있는 것은 주어진 시간을 어떻게 쓸 것인가 하는 것뿐이야.

[에피소드]

이 명언은 반지의 제왕에서 '프로도'가 반지 하나를 운반해야 하는 벅찬 책임감에 맞서 싸우는 내면의 투쟁을 반영합니다. 이 명언은 우리 앞에 놓인 도전이나 부담을 항상 통제할 수 없다는 보편적인 진리를 강조합니다. 간달프가 현명하게 지적했듯이 진정으로 중요한 것은 상황이 아무리 어렵더라도 우리가 가진 시간과 기회를 어떻게 처리할지 선택하는 것입니다. 이러한 대화는 프로도와 그의 동료들이 압도적인 역경에 직면해야 하지만 궁극적으로 그들의 미래를 형성하는 것은 그들의 선택이라는 장대한 여정의 맥락에서 이루어집니다. 우리가 처한 상황을 바꿀 수는 없지만, 우리가 이에 대응하는 방식은 대리인이 있다는 것을 강력하게 상기시켜 줍니다.

---

treat: 대하다 actually: 실제로 left: 떠난, 지난 certainly: 반드시 on fire: 불타는 with passion: 열정으로 wrap: 감싸다 burn: 태우다 mysterious: 신비로운 time: 시대 decide: 결정하다

UNIT 03 혼합 가정법

혼합 가정법은 현재와 과거의 상황을 결합하여 가정하는 문법 구조입니다. 이 구조는 주로 "if"절에서 가정하는 상황이 과거에 발생했을 경우의 결과가 현재에 미치는 영향을 표현할 때 사용됩니다. 예를 들어, "If I had studied harder, I would be successful now."는 과거에 공부하지 않아서 현재 성공하지 못한 상황을 설명합니다.

If you **had planned** ahead, you **wouldn't be struggling** now.
— Henry Ford

네가 미리 계획을 세웠다면, 지금 힘들어하고 있지 않았을 거야.

1. If I **had known** about the situation, I **would be giving** you advice now.
— Abraham Lincoln

   내가 그 상황을 알았다면, 지금 너에게 조언을 주고 있을 거야.

2. If I **had been** more patient, I **would not be regretting** my decisions now.
— Mark Twain

   더 인내심이 있었다면 지금 내 결정을 후회하지 않을 것이다.

3. If you **had not suffered** as you have, there **would be** no depth to you.
— John O'Donohue

   당신이 겪은 고통이 없었다면, 당신에게는 깊이가 없었을 것이다.

4. If you **had told** me about your plans, I **would be helping** you now.
— Albert Einstein

   네가 내게 계획을 말해줬다면, 나는 지금 네가 돕고 있을 거야.

5 If we had done it differently, things would be better now.
- Steve Jobs

우리가 다르게 했더라면, 지금 상황이 더 좋았을 거야.

6 If I had been more confident in my early career, I would be living a different life today.
- J.K. Rowling

내 경력 초기에 더 자신감이 있었다면 오늘은 다른 삶을 살고 있을 것이다.

[에피소드]

'J.K. 롤링'은 해리포터 시리즈로 큰 성공을 거두기 전까지 커리어 초기의 어려움에 대해 공개적으로 이야기해 왔습니다. 처음에 그녀는 출판사로부터 여러 차례 거절을 당했고, 첫 번째 책을 집필하는 동안 복지로 생활하기도 했습니다. 엄청난 재능에도 불구하고 그녀는 자신의 작품에 대한 자신감이 부족했고 미래에 대해 확신이 없었습니다. 인터뷰에서 롤링은 이러한 초기의 도전이 자신을 어떻게 형성했는지, 자신을 더 많이 믿는다면 자신의 커리어에 어떻게 다르게 접근했을지에 대해 이야기했습니다. 이 인용문은 목표를 달성하는 데 있어 자신감의 중요성을 강조하며 초기의 의구심에 대한 후회를 반영합니다. 그녀의 명성 상승은 이제 많은 사람들에게 영감을 주며, 가장 성공한 인물들조차도 자기 의심으로 어려움을 겪고 있음을 증명합니다.

---

plan: 계획 ahead: 미리 struggle: 힘들어하다 situation: 상황 advice: 조언 patient: 인내심 regret: 후회하다 decision: 결정 suffer: 고통받다 depth: 깊이 help: 돕다 confident: 자신감 있는 career: 경력 different: 다른 life: 삶

UNIT 04 가정법 관용어구

가정법 관용어구는 특정한 조건을 가정하거나 상황을 표현할 때 사용되는 특별한 문법 구조입니다. 예를 들어, "what if"는 "만약 ~라면 어떻게 될까?"와 같은 의미로, 가상의 상황을 제시할 때 사용됩니다. "as it were"는 "그렇다고 할 수 있다"라는 뜻으로, 어떤 상황을 비유적으로 표현할 때 쓰이며, "It is time 주어 + 과거동사"는 과거 동사를 사용하여 지금 해야 할 일을 나타내는 문법 구조입니다. 또한, "if any"는 어떤 것이 있을 경우 그것이 있다면 최소한으로 존재한다는 의미로 쓰이며, "but for"와 "without"은 둘 다 "~이 없으면"이라는 의미로 가정법에서 자주 사용됩니다.

Without music, life would be a mistake.
- Friedrich Nietzsche

음악이 없다면, 인생은 실수였을 것이다.

1 It is time we had democratic standards for the Internet.
- Vinton Cerf

인터넷에 대한 민주적 기준을 가져야 할 때입니다.

2 What if I fall? Oh, but my darling, what if you fly?
- Erin Hanson

만약 내가 떨어진다면? 오, 하지만 내 사랑, 당신이 날아오른다면 어떨까?

3 As it were, we are all actors in the theater of life.
- Oscar Wilde

말하자면, 우리는 모두 인생이라는 극장의 배우들이다.

4 Success, if any, will be measured in years.   - James Cameron

성공이란 것이 있다면, 그것은 세월로 측정될 것이다.

5   Problems, if any, are opportunities in disguise.

- Henry Kaiser

문제라는 것이 있다면, 그것은 변장한 기회일 뿐이다.

6   But for dreams, we would never bear the realities of life.

- Kahlil Gibran

꿈이 아니었다면, 우리는 결코 인생의 현실을 견디지 못했을 것이다.

[에피소드]

이 명언은 개인이 삶의 어려움에 대처하는 데 있어 꿈의 중요성에 대한 '지브란'의 깊은 철학적 관점을 반영합니다. 그는 꿈이 제공하는 희망과 열망이 없다면 현실의 가혹함이 우리를 압도할 수 있다고 믿었습니다. 지브란 자신의 삶은 이민자로서 개인적인 상실과 투쟁을 포함한 도전으로 가득 차 있었습니다. 이러한 고난에도 불구하고 꿈을 꾸고 창조하는 그의 능력은 인간 존재에 대한 심오한 통찰력을 지속적으로 제공할 수 있게 해주었습니다. 그의 저서 <선지자>에 나오는 이 인용문은 꿈이 회복력과 낙관주의로 어려움에 직면할 수 있는 힘을 어떻게 부여하는지에 대한 본질을 포착합니다. 지브란의 메시지는 시대를 초월하여 우리가 꿈을 키워나가도록 격려하며, 꿈은 삶의 도전을 견디는 데 필수적이기 때문입니다.

mistake: 실수 democratic: 민주적 standard: 기준 actor: 배우 theater: 극장 success: 성공 measure: 측정하다 problem: 문제 opportunity: 기회 dream: 꿈 reality: 현실 bear: 견디다

확인테스트

A 다음 중 괄호 안에서 알맞은 것을 고르시오.

1. If you (were, had) planned ahead, you wouldn't be struggling now.
   네가 미리 계획을 세웠다면, 지금 힘들어하고 있지 않았을 거야.

2. If we (know, knew) what it was we were doing, it would not be called research.
   만약 우리가 하고 있는 일이 무엇인지 안다면, 그것은 연구라고 불리지 않을 것이다.

3. Treat every moment (as, as if) it were your last. It might be.
   모든 순간을 마지막인 것처럼 대하라. 그것이 정말 마지막일 수도 있다.

4. I (wish, were wished) I could write as mysterious as a cat.
   나는 고양이처럼 신비롭게 글을 쓸 수 있었으면 좋겠다.

B 다음 중 해석에 맞게 틀린 부분을 바르게 고치시오

1. 만약 내가 그런 부를 보지 않았더라면, 나는 가난하게 살 수 있었을 것이다.
   If I were not seen such riches, I could live with being poor.
   _____ → _____

2. 말하자면, 우리는 모두 인생이라는 극장의 배우들이다.
   As were, we are all actors in the theater of life.
   _____ → _____

3. 꿈이 아니었다면, 우리는 결코 인생의 현실을 견디지 못했을 것이다.
   But dreams, we would never bear the realities of life.
   _____ → _____

4. 음악이 없다면, 인생은 실수였을 것이다.
   Without music, life will be a mistake.
   _____ → _____

A 1. had 2. knew 3. as if 4. wish
B 1. were, had 2. As were, As it were 3. But, But for 4. will, would

Review

01 가정법 과거와 과거완료

1) 가정법 과거는 현재 사실과 반대되는 가상의 상황을 표현할 때 사용한다.
2) "If I were you, I would[could/might]..."와 같은 구조를 가진다.
3) 가정법 과거완료는 과거의 사실과 반대되는 상황을 표현할 때 사용한다.
4) "If I had known, I would[could/might] have..."와 같은 구조를 가진다.

02 I wish, as if

1) I wish: 가정법에서 "I wish"는 현재나 과거의 사실이 아닌 상황을 바랄 때 사용된다.
2) as if: "as if"는 가정법과 함께 가상의 상황을 표현할 때 사용된다.

03 혼합 가정법

1) 혼합 가정법은 현재와 과거의 상황을 결합하여 가정하는 가정법이다.
2) 주로 "if"절에서 가정하는 상황이 과거에 발생했을 경우의 결과가 현재에 미치는 영향을 표현할 때 사용된다.

04 가정법 관용어구

1) "what if"는 "만약 ~라면 어떻게 될까?"의 의미이다.
2) "as it were"는 "그렇다고 할 수 있다"의 의미이다.
3) "if any"는 어떤 것이 있을 경우 그것이 있다면 최소한으로 존재한다는 의미이다.
4) "but for"와 "without"은 둘 다 "~이 없으면"이라는 의미이다.

명문법 - 명언으로 배우는 영문법

CHAPTER
20

특수구문

특수구문은 영어 문장에서
특정한 의미를 전달하거나 강조하기 위해서
사용하는 구문이다.
문장에서 어떤 일부를 강조하는 <강조구문>,
문장의 순서를 바꾸는 <도치구문>,
반복되는 부분을 생략하는 <생략구문> 등이 있다.

UNIT 01 강조

영어에서 강조용법은 말하는 사람이나 글의 내용에 대해 중요한 부분을 강조하고 싶을 때 사용하는 문법입니다. 예를 들어, "It is she who is responsible for the mistake."와 같은 문장에서 "It is ~ who" 구조를 사용하여 특정 부분을 강조할 수 있습니다. 또 다른 방법으로는 "do"를 사용해 동사를 강조하는 "I do like chocolate."처럼 말할 수 있습니다. 이렇게 강조용법은 말이나 글에서 중요한 정보를 강조하거나 명확하게 하고자 할 때 유용하게 사용됩니다.

Success **does breed** confidence.

- Beryl Markham

성공은 정말로 자신감을 낳는다.

1   I **do believe** that education is the great equalizer.

- Michelle Obama

나는 정말로 교육이 위대한 평등장치라고 믿는다.

2   Life **does get** better when you're doing what you love.

- Pierce Brosnan

당신이 사랑하는 일을 할 때 인생은 정말 더 나아진다.

3   Dreams **do come** true, if only we wish hard enough.

- J.M. Barrie

꿈은 정말로 이루어진다, 우리가 충분히 강하게 소망한다면.

4   It is through science **that** we prove, but through intuition **that** we discover.

- Henri Poincaré

바로 과학을 통해 우리는 증명하지만, 직관을 통해 우리는 발견한다.

5   It was imagination that unlocked the secrets of the atom.

- Albert Einstein

바로 상상력이 원자의 비밀을 풀어냈다.

6   It was books that taught me that the things that tormented me most were the very things that connected me with all the people who were alive, or who had ever been alive.   - James Baldwin

바로 책들이 나에게 가르쳐주었다. 나를 가장 괴롭히는 것들이야말로 현재 살아있거나 과거에 살았던 모든 사람들과 나를 연결해주는 것이라는 것을.

[에피소드]

이 명언은 '볼드윈'이 개인적인 투쟁과 다른 사람들과의 관계를 이해하는 데 있어 책이 수행한 강력한 역할을 강조합니다. 인종과 정체성에 대한 가슴 아픈 성찰로 유명한 볼드윈은 종종 문학을 통해 인간의 경험과 그 안에서 자신의 위치를 이해했습니다. 젊은 시절 볼드윈은 소외감에 시달렸지만, 책을 통해 자신의 투쟁이 자신에게만 국한된 것이 아니라는 것을 알게 되었습니다. 문학의 인물과 사상은 자신의 고통에 공감하며 이러한 경험이 시간과 문화에 걸쳐 공유되었다는 것을 보여주었습니다. 볼드윈에게 책은 자신의 개인적 고통과 더 넓은 인간 조건 사이의 간극을 메울 수 있는 방법이 되었습니다. 이러한 관점은 종종 개인 정체성과 집단 경험의 교차점을 탐구한 볼드윈의 작품에서 핵심적인 역할을 하며, 그의 명언은 문학의 혁신적 힘을 강조합니다.

---

breed: 낳다 confidence: 자신감 believe: 믿다 education: 교육 equalizer: 평등장치 come true: 이루어지다 science: 과학 prove: 증명하다 intuition: 직관 discover: 발견하다 imagination: 상상력 secret: 비밀 atom: 원자 torment: 괴롭히다 connect: 연결하다 alive: 살아있는

UNIT 02 도치

도치는 영어 문장에서 단어의 순서를 바꾸는 문법 구조입니다. 보통 정상적인 문장의 어순은 주어+동사+목적어지만, 도치에서는 주어와 동사의 위치가 바뀌거나 다른 요소가 앞에 나오는 경우가 많습니다. 부정어(Little, Rarely, Barely, Not only, Seldom 등) 또는 'only+부사어/부사구/부사절'이 문두에 위치한 경우, 보어가 도치된 경우 등이 있습니다. 예를 들어, 부정어 "never"와 같은 부사구가 문장의 처음에 오는 경우 "Never have I seen such a beautiful sight."로 도치가 됩니다.

Only in silence can truth be heard.

- Pearl S. Buck

오직 침묵 속에서만 진실이 들릴 수 있다.

1 Rarely does one encounter such pure devotion.

- Mother Teresa

이토록 순수한 헌신을 만나는 일은 드물다.

2 Only when it is dark enough can you see the stars.

- Martin Luther King Jr.

충분히 어두워져야만 별들을 볼 수 있다.

3 Here lies the secret to success.   - Thomas Edison

여기에 성공의 비밀이 있다.

4 Not only do we live among the stars, the stars live within us.

- Neil deGrasse Tyson

우리가 별들 사이에서 사는 것뿐만 아니라, 별들이 우리 안에 살고 있다.

5   Little did I know that my life would change forever.

- Michelle Obama

내 인생이 영원히 바뀔 것이라는 것을 나는 전혀 알지 못했다.

6   Never do I feel closer to God than when I am in the woods.

- Jane Goodall

숲에 있을 때만큼 신에게 가깝다고 느끼는 때는 없다.

[에피소드]

이 명언은 자연과 영성에 대한 '제인 구달'의 깊은 연관성을 반영합니다. 침팬지에 대한 획기적인 연구로 유명한 구달은 항상 평화와 이해를 조성하는 데 있어 자연의 중요성을 강조해 왔습니다. 탄자니아 곰베 숲에서 수년간 연구하면서 그녀는 자연계에 둘러싸여 있다는 사실이 자신보다 더 큰 무언가에 더 잘 적응하게 만드는 방법을 자주 표현했습니다. 이 명언은 자연이 세상과 그 안에 있는 우리의 위치 모두에 대한 심오한 통찰력을 제공할 수 있다는 그녀의 믿음을 요약한 것입니다. 자연에 존재하는 것이 우리 정신에 미칠 수 있는 치유와 변화의 힘을 상기시켜 줍니다.

---

silence: 침묵 truth: 진실 encounter: 만나다 devotion: 헌신 pure: 순수한 dark: 어둡다 secret: 비밀 success: 성공 change: 바꾸다 closer: 더 가까운 God: 신 woods: 숲

UNIT 03 생략과 삽입

생략은 문장에서 이미 언급된 부분을 반복하지 않고 생략하는 것으로, 의미가 명확하게 전달되도록 합니다. 예를 들어, "I like pizza, and she does too."에서 "does"는 "like pizza"를 대신하여 생략됩니다.

삽입은 문장 중간에 추가 정보를 넣는 것으로, 보통 쉼표나 괄호를 사용하여 의미를 보강합니다. 예를 들어, "My brother, who lives in New York, is visiting me next week."에서 "who lives in New York"는 삽입된 정보입니다.

Some people go to priests; others [go] to poetry.
- *Virginia Woolf*

어떤 이들은 성직자를 찾고, 다른 이들은 시를 찾는다.

1. The more [you] give, the more [you] get.   - *Maya Angelou*
더 많이 주면 줄수록, 더 많이 얻는다.

2. [It is] Better to light a candle than [to] curse the darkness.
- *Eleanor Roosevelt*
어둠을 저주하느니 차라리 촛불을 켜는 것이 낫다.

3. The universe, I believe, is full of magic.   - *Jane Goodall*
나는 우주가, 내가 믿기에, 마법으로 가득 차 있다고 생각한다.

4. Success is, I have learned, a matter of persistence.
- *Albert Einstein*
성공은, 내가 배운 바로는, 끈기의 문제이다.

5   Life, as I see it, is not a location, but a journey.
                                            - *Ralph Waldo Emerson*

내가 보기에, 인생은 장소가 아니라 여정이다.

6   When [you are] in doubt, [you should] tell the truth.
                                            - *Mark Twain*

의심스러울 때는 진실을 말하라.

[에피소드]

마크 트웨인은 한번은 젊은 작가에게 조언을 해주는 자리에서 이 유명한 말을 하게 되었다고 합니다. 그 젊은 작가가 글을 쓸 때 어떤 내용을 써야 할지 고민이 된다고 털어놓자, 트웨인은 웃으면서 이렇게 말했습니다: "의심스러울 때는 진실을 말하세요. 그러면 기억해야 할 것도 없고, 나중에 후회할 일도 없을 테니까요."
  이 조언은 단순히 정직하라는 도덕적 교훈을 넘어서, 작가로서의 실용적인 지혜를 담고 있습니다. 진실된 이야기는 꾸며낸 이야기보다 더 설득력이 있고, 독자들의 마음을 더 깊이 울릴 수 있다는 것이죠.
  이 일화는 마크 트웨인의 특유의 재치와 지혜를 잘 보여주는 예시입니다. 그의 이런 현실적이면서도 유머러스한 조언은 오늘날까지도 많은 작가들에게 영감을 주고 있습니다.

---

priest: 성직자 poetry: 시 give: 주다 get: 얻다 light: 밝히다 candle: 촛불 darkness: 어둠 doubt: 의심 truth: 진실 success: 성공 persistence: 끈기 life: 삶 location: 장소 journey: 여정 in doubt: 의심하는

UNIT 04 병렬과 무생물 주어

병렬은 문장에서 비슷한 구조의 단어, 구, 또는 절을 나란히 배치하여 문장의 흐름을 자연스럽고 읽기 쉽게 만드는 방법입니다. 예를 들어 "I enjoy reading, writing, and painting."에서 "reading," "writing," "painting"이라는 동명사를 나란히 사용해 병렬 구조를 이루고 있습니다.

무생물 주어는 영어에서 사람이 아닌 사물이나 개념을 주어로 삼아 문장을 구성하는 방식입니다. 예를 들어, "The internet connects people around the world."에서 "The internet"이라는 무생물이 주어가 되어 사람들을 연결하는 역할을 설명합니다. 이 구조는 문장을 더 객관적이고 간결하게 표현하는 데 도움을 줍니다.

Books give a soul to the universe, wings to the mind.
— *Plato*

책은 우주에 영혼을 주고, 마음에 날개를 준다.

1. You **must learn**, you **must practice**, and you **must create**.
— *Malcolm Gladwell*
당신은 배워야 하고, 연습해야 하며, 창조해야 한다.

2. **Time** heals what reason cannot. — *Seneca*
시간은 이성이 치유할 수 없는 것을 치유한다.

3. **Beauty** saves. **Beauty** heals. **Beauty** motivates.
— *Robert Schuller*
아름다움은 구원하고, 치유하며, 동기를 부여한다.

4. **Fear** kills more dreams than **failure** ever will. — *Suzy Kassem*
두려움은 실패보다 더 많은 꿈을 죽인다.

5. Opportunity dances with those already on the dance floor.
   - H. Jackson Brown Jr.
   기회는 이미 무도장에 있는 사람들과 춤춘다.

6. Love deeply, live fully, and forgive quickly.   - Mother Teresa
   깊이 사랑하고, 충만히 살며, 빨리 용서하라.

[에피소드]

이 명언은 연민, 목적, 용서를 중심으로 한 테레사 수녀의 인생 철학을 잘 보여줍니다. 그녀는 진정한 사랑이 차이를 해소하고 평화를 가져올 수 있다고 믿으며 가장 가난하고 소외된 사람들을 위해 평생을 바쳤습니다. 사람들이 깊이 사랑하고 빨리 용서할 수 있도록 장려함으로써 그녀는 종종 고난으로 가득 찬 세상에서 공감과 회복력의 중요성을 강조했습니다. 가난한 사람들과 함께 일하면서 캘커타에서의 삶은 온전히 마음으로 살고 다른 사람들을 돕는 데 집중할 수 있도록 빠르게 용서한다는 그녀의 메시지를 반영했습니다. 이 명언은 테레사 수녀 자신과 마찬가지로 사람들이 친절과 목적으로 가득 찬 삶을 살도록 계속 영감을 주고 있습니다.

---

soul: 영혼 universe: 우주 wing: 날개 mind: 마음 learn: 배우다 practice: 연습하다 create: 창조하다 heal: 치유하다 reason: 이성 beauty: 아름다움 save: 구원하다 motivate: 동기를 부여하다 fear: 두려움 failure: 실패 dream: 꿈 opportunity: 기회 dance floor: 무도장 forgive: 용서하다

확인테스트

A 다음 중 괄호 안에서 알맞은 것을 고르시오.

1. Success (is, do, does) breed confidence.
   성공은 정말로 자신감을 낳는다.

2. Love deeply, live fully, and (forgive, forgiving) quickly.
   깊이 사랑하고, 충만히 살며, 빨리 용서하라.

3. Never (I do, do I) feel closer to God than when I am in the woods.
   숲에 있을 때만큼 신에게 가깝다고 느끼는 때는 없다.

4. The universe, I (believe, believing), is full of magic.
   나는 우주가, 내가 믿기에, 마법으로 가득 차 있다고 생각한다.

B 다음 중 해석에 맞게 틀린 부분을 바르게 고치시오

1. 나는 정말로 교육이 위대한 평등장치라고 믿는다.
   I does believe that education is the great equalizer.
   _____ → _____

2. 바로 상상력이 원자의 비밀을 풀어냈다.
   This was imagination that unlocked the secrets of the atom.
   _____ → _____

3. 충분히 어두워져야만 별들을 볼 수 있다.
   In when it is dark enough can you see the stars.
   _____ → _____

4. 내 인생이 영원히 바뀔 것이라는 것을 나는 전혀 알지 못했다.
   Little I did know that my life would change forever.
   _____ → _____

A 1. does 2. forgive 3. do I 4. believe
B 1. does, do 2. This, It 3. In, Only 4. I did, did I

Review

01 강조

1) 말하는 사람이나 글의 내용에 대해 중요한 부분을 강조하고 싶을 때 사용한다.
2) "It is ~ who" 구조를 사용하여 특정 부분을 강조할 수 있다.
3) "do"를 사용해 동사를 강조할 수도 있다.

02 도치

1) 도치는 영어 문장에서 단어의 순서를 바꾸는 문법 구조이다.
2) 주어와 동사의 위치가 바뀌거나 다른 요소가 앞에 나오는 경우가 많다.
3) 부정어 또는 only어구가 문두에 위치한 경우 도치가 일어난다.

03 생략과 삽입

1) 생략은 문장에서 이미 언급된 부분을 반복하지 않고 생략하는 것이다.
2) 삽입은 문장 중간에 추가 정보를 넣는 것이다.

04 병렬과 무생물 주어

1) 병렬은 문장에서 비슷한 구조의 단어, 구, 또는 절을 나란히 배치하여 문장의 흐름을 자연스럽고 읽기 쉽게 만드는 방법이다.
2) 무생물 주어는 영어에서 사람이 아닌 사물이나 개념을 주어로 삼아 문장을 구성하는 방식이다.